多贝公开课

找准微信的根本获利点

“微”战

刘 岩◎著

人民邮电出版社
北京

图书在版编目（CIP）数据

“微”战：找准微信的根本获利点 / 刘岩著. --
北京：人民邮电出版社，2015.9
（多贝公开课）
ISBN 978-7-115-39511-5

Ⅰ. ①微… Ⅱ. ①刘… Ⅲ. ①网络营销 Ⅳ.
①F713.36

中国版本图书馆CIP数据核字(2015)第127223号

内 容 简 介

本书从微信产品本身、公众账号运营、朋友圈营销、自媒体运营、微网站技术搭建、微信开发、社群构建、微信创业八个方面系统分析了微信营销与微信创业过程中需要掌握的技能和知识点，结合技能、技巧、技术以及效果等重点，重新审视和剖析微信的根本特质及获利点，同时为广大互联网特别是微信营销爱好者提供企业会在哪些地方发布他们的开发需求、薪资标准等核心信息，理论、技能和实践充分融合，给你不一样的运营启发。

◆ 著　　　　刘　岩
责任编辑　张慧芳
责任印制　彭志环
◆ 人民邮电出版社出版发行　北京市丰台区成寿寺路 11 号
邮编　100164　电子邮件　315@ptpress.com.cn
网址　http://www.ptpress.com.cn
固安县铭成印刷有限公司印刷
◆ 开本：700×1000　1/16
印张：14　　2015 年 9 月第 1 版
字数：160 千字　　2015 年 9 月河北第 1 次印刷

定价：39.00 元

读者服务热线：(010)81055488　印装质量热线：(010)81055316
反盗版热线：(010)81055315

序

移动互联网正在以前所未有的速度向传统行业渗透，而且越来越垂直细分，这种细分让很多巨头都开始坐不住了，比如 58 同城和赶集网的合并。移动互联网之前，本地生活服务主要依托的是 PC 端互联网，大家比的是流量，是谁的服务种类多。但在今天移动互联网时代下，比的已不是服务种类多，而是谁能在一个细分领域内更加垂直，所以就有了和洗车相关的 App，有了和家政服务相关的 App，有了送药的 App，有了上门美甲服务的 App 等。像 58 同城这类包含各种服务的大平台最终会被一个个专业的、细分的、垂直在某一具体领域的小创业团队打败。大平台或许通过做细分市场或投资优质的细分团队才有可能不被移动互联网的趋势打败，没办法，任何人都打败不了趋势，也正因为这一点，两大生活服务类平台合并了。

可以说移动互联网下催生了很多新的模式，比如特别火热的 O2O，很多人都想在这个领域中进行创业，也有很多人想借助 O2O 来推广自己的产品，获得更多的用户与销量，微信这个拥有数亿用户的大生态平台自然也成为了他们的首选。而一个真正全面的微信运营人才要懂得很全面，《“微”战——找准微信的根本获利点》是我见过最接地气、最全面的微信方面的书，它从思维层面、微信公众账号的运营、加粉营销、H5 页面，微网站搭建等方面 360° 无死角地介绍了微信运营的各个策略，强烈推荐这本书给大家，希望透过这本书，大家能真正了解移动互联网时代下，传统企业和微商们应该如何借助微信趁势营销，取得新一阶段的成功。

——拆书笔记 CEO　李然

前言

最初在多贝网上分享这个公开课的时候，并没有将其编撰成书的打算。只是没想到这个课程吸引到了那么多关注并希望进一步了解微信创业、营销、推广技能的同学。考虑到很多做传统生意的学员都迫切想要了解移动互联网是如何对他们产生影响的，尤其是在互联网不断向各个传统行业进行碾压颠覆的大环境下，第一次产生了将这个颇受欢迎的线上课程进行系统整理付梓，希望能够帮到更多线上和线下的朋友们。

在工业时代，我们落后美国三十年左右，在互联网时代，我们落后美国两三年，但在移动互联网时代，我们是领先美国的！这也催生了整个时代的变革，创业机会比比皆是，越来越多的互联网人在用互联网思维干着远离互联网的事情、颠覆着传统行业。几大银行之间竞争了这么多年才发现他们的竞争对手居然是支付宝，居然是互联网金融；几大运营商斗法斗了这么多年才发现他们的竞争对手居然是微信。

面对互联网的进攻，传统行业有些仓促应战，这实际上是不同纬度上的竞争，就像一群拿着长矛的士兵面对拿着机关枪的勇士一样。这是时代的变革，也是任何人都阻挡不了的趋势。移动互联网、智能硬件的发展正在不断地迭代着这个时代的操作系统。但是这个整体命题太大，也不是靠几本书就能一语道尽的。所以本书从微信这个角度切入，来诠释移动互联网对这个时代的影响，包括越来越多的人开始利用微信做起了自媒体、做起了生意、做起了用户管理、做起了 O2O。这本书会借助微信这个移动互联网最重要的生态平台来系统诠释它在整个移动互联网风口下所扮演的多重角色，微信对传统生意的互联网化核心方面的影响、商业模式的转变、盈利模式的迁移、客户思维向用户思维的迁移等，希望本书在移动互联网的风口下，对传统行业的创业者或者从业者能有一些帮助。

这本书的完成要感谢几位朋友，趣分期做业务拓展的兰宇同学，美莱科技的刘志平、蒋凤香以及塑胶纸业的兰振忠、李娜等几位老师。他们在我写书的过程当中提出了很多建议，比如很多个人想通过微信做点生意，所以我后来在内容方面增加了关于个人如何通过微信平台来经营生意的内容。不仅如此，还有基于微信创业的内容，这样就形成了一个以微信营销、微信公众平台运营推广、微网站搭建开发等非常全面系统的一本书籍。除了书中提到的内容外，如果说对传统企业互联网化还有什么建议的话，我最想说的就是：作为传统企业，要仔细思考三个命题：第一，如果有一天有人做了和你一样的生意，但他是以成本价在销售，你觉得他后端靠什么赚钱？第二，如果有一天，有一个人做了和你一样的生意，但他的渠道和你完全不一样，可能是来自互联网等各个渠道，你觉得他具体会有哪些渠道？第三，如果有一天，有一个人做了和你一样的生意，但是他的分销商遍布全国，分销的门槛越来越低，但是效果越来越好，你觉得他应该如何发展和管控分销商。以上三个命题，如果你能想明白，那么就去尝试把那个人变成你自己吧！

刘岩
2015.5

目录

第一章

移动互联网浪潮下的趋势

随着移动互联网行业向传统行业的不断渗透，越来越多的传统企业开始思考如何转型，如何迎接移动互联网这场来势凶猛的变革。于是乎，他们不断尝试借助各种互联网工具和平台升级自己的企业，由于微信产品用户基数的庞大及营销的火热，组建自己的微信运营团队成为很多无论传统或非传统企业的必然举措。

除了企业，在这个大变革的时代背景下，无数个人也开始做起了自己的微电商——朋友圈中出现了各种面膜、水果之类的个体卖家，这种全民创业的氛围又催生了无数直销群体的加入。但是，传统企业开始利用微信做营销就算是拥抱互联网了吗？在朋友圈卖卖东西就可以叫微电商了吗？加个粉、点个赞、促个销就是在做微信运营了吗？其实，这些行为都只能算是微信应用的边缘地带，它们缺少的是顶层思考和顶层设计。

站在顶层思考和设计的维度，你会发现，目前的微信应用模式可能有诸多方面需要变革，包括商业模式、运营模式、盈利模式、对客户和用户之间的理解、对营销和产品之间的理解等方面。过去你可能只想着用销售产品来赚钱，今天你就要让产品以成本价销售来赢取用户和赚钱；过去你和客户之间可能是一锤子买卖，今天你就要把你的客户变成“终身制”VIP；过去你可能觉得产品不重要、关键要营销，今天你就要把产品当成生命来对待，因为产品会说话，所有的营销最终都将演变成口碑营销。

单纯地进行微信类产品运营方式的改变无济于事，改变原有的这些观念和认知才是关键。本章通过移动互联网浪潮下的趋势来跟大家分享：处于大变革时代下，有哪些重要的趋势与你有关，在这些趋势中你应该如何进行顶层思考和设计，这无论对企业还是个人的未来微信运营都起着非常重要的作用，只有站得高远，才能看得明白！

1.1 产品变成流量入口

传统企业的盈利模式往往建立在销售额与成本差上，比如一件商品的成本是 1 元，售价为 5 元，那么售出一件商品即可从中获得 4 元的毛利润。传统商业模式中往往包含了各种经销商渠道，导致中间成本高昂，产品到达消费者手中也会相应增加诸多渠道成本而价格不菲。

移动互联网企业首先做的就是尽量砍掉中间环节，省去了一层层的中间成本，此举不但可以让利给消费者，而且在物流速度和效率上也都有了极大提升。而在盈利模式上，产品往往不是移动互联网企业盈利的直接来源，真正帮其赚钱的是流量入口。比如手机行业，传统企业往往要靠一级级的经销商来帮着卖手机，利润的多少和渠道的能力、品牌的溢价能力有非常大的关系。而移动互联网思维则是要把产品变成流量的入口，产品本身甚至可以以成本价零利润销售，当用户量积累到一定程度时，即可通过其他方式来盈利。比如小米手机（当然小米的手机销售也是赚钱的，因为他们的商业模式便是砍掉了经销商，通过官网等方式直接把产品卖给消费者，其手机配置很好，性价比也很高，且依旧有利润空间），当越来越多的人使用小米手机的时候，小米手机就变成了一个工具，比如未来的智能硬件、智能家居，比如用小米手机控制小米电视、玩具车、灯的开关、家用电器等，有越来越多买了小米手机的人开始买小米的衍生品如米兔、车模、玩具汽车等，还有人会买小米的其他产品如小米手环、小米电视、小米平板等，而小米手机还可以通过预装软件聚合用户，然后向用户卖广告、卖增值服务等方式进行盈利。

总之，当产品真正符合用户需求，并且以极高性价比赢得庞大用户群的时候，产品本身是否盈利就变得无足轻重了，这个时候产品其实已经变成了获取流量的入口，企业完全可以靠后端的其他方式来盈利。再比如以好产品＋高性价比的方式颠覆了传统电视行业的乐视电视，传统电视行业是靠卖电视机赚钱的，而更好用、更好看、配置更高的乐视电视居然比传统电视便宜几千元，因为对乐视来说，电视这个产品只是其流量的入口，而非利润的来源。乐视的生态链是“平台＋内容＋终端＋应用”——它可以通过自制内容版权、大屏游戏等方式进一步增加用户体验，可以通过卖广告、卖游戏道具、应用分发等多种方式来盈利。即使政府推出的一些政策可能会阻碍它的生态构建，但历史的潮流是不可阻挡的，移动互联网倒逼改革，这就是趋势的力量。

再举一个商业模式转型的例子：一个卖洁面仪的公司，最初产品定价很贵，随着竞争越来越激烈，宣传成本越来越高，转化率越来越低，利润也越来越微薄……后来公司转变了策略，先是以接近成本价来销售洁面仪产品本身，高性价比的产品迅速赢得了大量用户，然后他们做了一个 App 来承接这些用户，让用户之间可以彼此交流，同时配备专家对其进行指导，迅速形成了一个女性社区。社区建立之后，用户有了黏性，公司发现什么内衣、化妆品、包包等女性相关用品都可以卖了。产品演化成一个流量的入口，靠其他后端方式来赚钱的模式成为移动互联网改造传统行业的一个趋势。

所以，当你想着如何用微信来销售你的产品时，一定要认真考虑一下：你是否需要进行顶层设计？要知道，商业模式和盈利模式的改变才是根本，微信只是你的一个工具而已。不过，这样的改变就一定会成功吗？未必。而且失败的概率远大于成功的概率，因为 90% 以上的创新都会失败，但是不创新，必死无疑！

1.2 产品为王，所有营销的根本都是口碑营销

很多传统行业的人一听到产品为王会有点不太认可，他们会说：“你的产品再好，不会营销，不懂推广，卖不出去，又有啥用？”这句话没错，酒香也怕巷子深，但前提还是你的酒要香。在过去，因为信息的极大不对称，买的没有卖的精，所以人人皆知渠道为王、营销为王。今天可以说是人人皆媒体的时代，任何一个人看到好的产品、好的用户体验都有可能通过他的朋友圈进行分享、推荐，从而形成自传播，任何一个人买到不好的产品、差的用户体验也同样有可能通过他的渠道来吐槽发泄、传递影响其他人。

研究移动互联网最好的一个行业就是手机行业，我们先来看看有哪些手机制造者以为可以靠营销、靠影响力取胜，结果却惨败的例子：

周杰伦在华语乐坛的影响力可谓首屈一指，2013 年 11 月，周杰伦投资的 Ucan 推出了一款定制手机，并且命名为“uGate”——主要面向周杰伦的粉丝群体，手机内置一系列周杰伦的壁纸、歌曲及主题，但其实际销量十分惨淡，目前已经退出商圈；林志颖上过“爸爸去哪儿”之后人气暴涨，他想做一个关于儿子 kimi 的手机，但是微博说过几次之后也就没有了下文；韩庚的庚 Phone 手机也一样，内置和韩庚相关的 App，可以让粉丝们实时掌握偶像的最新动态，但同样销声匿迹了。

例子无需多举，今天这个时代不是光靠影响力和营销就能做成事情的，市场更需要的是像雷军、罗永浩那样死磕产品的创新者。产品本身就是最好的营销，斗了很多年的苹果公司和微软公司分别代表着产品文化和营销文化，我们可以从中发现十年前代表着营销文化的微软是牛人，但今天代表着产品文化的苹果才是王者。乔布斯、雷军、张小龙他们都是“顶级产品经理”，互联网创业的 CEO 对产品的理解将决定其产品的灵性，而灵性又往往决定着产品乃至企业的生死。过去几十年是过度营销的时代，今天，在信息传递越来越快，个性化服务越来越强的时候，市场必须回归产品。

产品和广告密不可分，产品就是广告，雕爷牛腩 500 万元买神秘配方，这本身就是广告；小米 3 选择全球最好的供应商，这本身也是广告；优课急送连发货用的盒子都精心设计、精细打造，这本身还是广告。所以，传统企业真正要学的不是互联网企业如何去掉中间渠道直接通过网络销售，也不是如何通过什么 F 码来进行饥饿营销，更不是什么 O2O 等各种模式，他们最需要学的是互联网人如何精益求精地做产品，如何乐此不疲地提升用户体验——只有思维改变才有可能解决根本问题。

1.3 降维跨界

互联网降维跨界是一种趋势，实际上互联网是一种思维，这种思维可以解决传统行业的低效率、高成本和本末倒置等问题，所以才发生了互联网不断向各个传统行业渗透甚至颠覆传统企业的现状。互联网人以更高的效率、更好的产品和更佳的用户体验颠覆着传统行业的认知，并且倒逼其不得不进行改革。

比如一些传统的餐饮店曾被曝光使用地沟油现象，也许很快就会有能够随时检测地沟油的互联网产品出现，倒逼着传统商家要么跟着一起改变，要么被淘汰。之前央视曝光了传统小零食“辣条”的生产流程，环境脏得无法想象。也许有一天会有互联网人跨界到这个领域来把辣条做到极致——厂房 24 小时网络开放、生产流程开放、所有原材料乃至每一袋辣条都有一个二维码可以追本溯源……这其实就是对产品的极致追求。

降维跨界实际上是互联网人用互联网思维杀入并改变传统行业的新玩儿法：

“互联网 + 医疗”不仅改变了挂号的流程，提升了相应的效率，更改变着人们的就医方式、医生和患者之间的交流平台、患者和患者之间的交流平台，线上看病还有智能硬件和大数据的加入、实时健康的监测等，这些都彻底地改变着医疗行业。

"互联网 + 金融"不仅改变了人们的储蓄习惯，让更多的老百姓产生了增值甚至投资的意识，让借贷有了新渠道，也让传统的银行感受到了危机，所有这些竞争都能让老百姓从中得到实惠；

"互联网 + 教育"改变了传统的教育方式，打破了区域性，让更好的师资可以服务于全国各地的同学，有更多的教学工具如教学类 App、题库类 App 等，用更有效率的方式服务目标用户。在线教育让传统的培训费用大幅降低，让个性化学习很容易得到满足，拿音乐类在线教育来说，很多成年人想学乐器如钢琴，如果报个一对一的线下班可能需要 200 元 / 小时，但是通过在线音乐教育平台购买 1 小时的优质课程可能只需要几元钱。在线教育还让具有教学能力的个体通过相应平台找到自己的目标用户，甚至彼此交换培训技能。还有很多平台在不断生产着社会中需要的实用技能，让诸多大学生不至于毕业找工作时一片茫然。这是在线教育对传统教育的影响和改变，它让学习的成本更低、效率更高、时间成本更低、智能化程度更高。

"互联网 + 旅游"改变甚至颠覆了传统旅游行业，性价比更高的出游路线、更丰富详尽的旅游日记、更真切可行的旅游建议甚至更多的优惠券等，都让越来越多的人开始通过在线旅游平台预约其旅游目的地。

"互联网 + 打车"改变着传统的出租车行业，让打车变得更加容易，让出租车的使用更高效，并且互联网打车类公司也已开始侵入出租车市场，如"滴滴专车"通过优惠券之后和正常出租车的价格相差不多，但是车子更高级、司机服务更好，再比如"PP 大巴"，在人口密度特别大的一线城市的上班族可能每天都要遭遇地铁、公交的人潮拥挤，而 PP 大巴提供的一人一座上下班、全程 Wi-Fi、温馨早餐等服务正在不断地影响着公共交通行业，相信未来会有越来越多的互联网公司以不同的角度切入这个领域。

“互联网 + 上门服务”改变了很多传统服务业，互联网高效的物流体系、优惠便捷的线上订购系统威胁着传统的餐饮行业，很多餐饮行业外卖的收入占整体收入的比例越来越大。河狸家上门美甲用了半年时间营业额约 10 亿元人民币、微信预订洗衣店上门取衣服、微信预订上门家政服务、京东拍到家 App 上可以买各种蔬菜水果，两小时内即可送货到家……

互联网无孔不入地改变着传统商业的经营模式，真正以用户为中心的互联网人杀入传统行业创造了很多奇迹，因为这本质上是更高维度的思维方式和传统思维方式的竞争，降维跨界成为了新常态，所以传统行业要尽早学习、了解互联网的思维方式，了解互联网对产品的极致追求、对用户的理解、对需求的洞察以及对速度的追求，而微信只是这其中的一环而已。

1.4 组织变革

过去企业的组织形态是自上而下、一级一级的架构，一个想法从决策到执行要经过好几道程序，执行的人提交的申请往往也要经过好几层审批。这样的组织有制度却缺乏灵活性，往往一个市场机会来了，等组织反应过来，最佳的入场时机已经过去了。移动互联网时代，速度成了一个非常重要的因素，企业需要随时对市场和需求做出反应，组织结构也由原来的好多层级变得越来越扁平化，很多互联网公司甚至并没有严格的级别之分，随时有一个市场、项目需求出来，即可由其中一个人发起，其他人配合一起解决，那么这个发起人就是这个临时项目的领导或者负责人，项目完成后临时团队解散，然后再组队进入下一个项目当中去。这样的组织架构可以加快对机会的把握和反应速度，当然对机会的判断立项是要有相应拍板人的，但组织是灵活的，可以随时立项，立项后马上组织人投入研发、创新，而无需一级一级地开会讨论，一级一级地传达后再确认怎么分工、预算什么时候审批等。

互联网组织结构的变化不仅是内部员工发生了变化，而且把用户真正拉了进来。小米系统的测试员获取的用户对产品的反馈、意见等数据，就来源于数十万的小米粉丝，这是一种社群经济。360 的线上服务也是由用户来进行评价打分，这也导致 360 服务人员线上沟通的表达、解决问题的态度都非常好。这种组织结构的变化是把传统的内部监督系统变成了用户监督，是一种组织创新。

传统企业的决策系统往往也是自上而下的，老板说什么，下边执行就好，这样导致的结果往往是领导指责员工没有领会精神，办事不力，而下边的人又会抱怨领导不懂市场、不懂用户，因为一线的人员在某种程度上的确更懂用户。所以组织结构的创新将越发地自下而上，每个人都可以是一个需求的提出者、参与者和解决者，发挥了每一个人的才华与价值，组织形态就活了，真理往往都是自下而上的，而不是老板凭空臆想的需求。

当然，组织创新的内容还有非常多的细节，在这里只是提醒我们传统行业的企业家或者个人创业者，要审视一下自己的团队是自上而下的，还是每个人都有可能是需求的提出者和改变者；你的组织结构是否扁平化，组织形态是否能对市场做出快速的反应，而这些都是今天这个时代组织结构创新的趋势。

1.5 万物联网，智能化时代

随着智能硬件的快速发展，物联网时代已经到来，越来越多的领域开启了智能化时代，而手机或手机中的 App 将成为这个时代的遥控器。在小米的生态链中，小米手机就是整个生态链的遥控器，用小米手机控制玩具车、用小米手机和小米手环配合监测你的运动及睡眠情况、用小米手机控制家里的小米电视和小米空气净化器……即使你还在单位工作，这一切也可以顺利进行。这是在小米自己的生态链中也是在整个智能化时代中的发展。

而在物联网时代，微信将有可能成为万物联网的遥控器，越来越多的智能家居等领域开始基于微信这个生态进行开发，比如用自己的微信公众账号来控制智能灯泡的颜色亮度、智能电视的换台调音，利用微信来支付自动售卖机消费等，这意味着原生的 App 将会走向衰落，如果你的企业想做智能硬件或者产品服务，建议可以先基于微信这个生态底层进行开发，因为这样开发的成本相对更低、效率更高、体验也许更好。

1.6 股权众筹，连锁扩张社交红利新渠道

如果你是传统行业的实体店铺，想利用微信等互联网手段把自己的市

场做得更大，那么推荐你关注一下股权众筹，它不仅是一种融资方式，更是这个时代下的社交红利。

2014年，我通过互联网平台合股投资了“人人投”这家公司，并且投资了“人人投”中的豆腐宴，今天“人人投”在股权众筹领域已是属一属二的了，但当时的“人人投”网站上还没有几家实体店铺，很多人连什么是众筹都还没有搞清楚，但我却愿意去投资，为什么？互联网有一句很流行的话是：“站在风口上，猪都会飞起来！”这句话的意思是无论是投资还是创业，选项目都尽量选择风口上的项目，因为任何人都打败不了趋势，站在趋势的风口上，你的投资将有可能在很短的时间内疯狂增长，而我相信众筹就是个风口。互联网领域还有一句话叫“要做风口上的紫牛”，意思是站在风口上，普通的猪可能只长了3倍、5倍，但风口上的牛却可以增长100倍甚至200倍。

当时的股权众筹平台有很多，但我为什么选择“人人投”？因为“人人投”是实体店铺的股权众筹平台，网站上介绍推广的实体店铺都看得见摸得着，而且他们的风控管理也非常好，不是说你有一个想法、写个商业计划书就可以来“人人投”上进行股权融资，他们只推荐要开分店的店铺。也就是说，能在“人人投”进行股权融资的店铺至少要有一家成功的实体店，你有能力开分店时才能在“人人投”上进行分店的股权众筹融资，这样就大大降低了投资者的风险。

相反，当时很多众筹平台都有点走偏，有个商业计划书就想融资，好多项目都不靠谱，各种造概念让人感觉非常不踏实。而“人人投”恰恰是老百姓都能看得懂的项目，每个人出资一到几万元就可以拿到对应实体店铺的股权，还可以对你要投资的店铺实地考察。未来如果“人人投”真能够做得特别大，你的投资将有可能让一家优质的好店在很短的时间内开遍全国，这个价值就太大了。未来任何一家连锁店都不可能只靠自己的资金、精力来快速完成全国式的扩张，所以“人人投”具备良好的发展前景。

如果你是传统行业的实体店铺，一定要留意这个大的趋势，股权众筹不仅是一种融资方式，更重要的是社交红利。过去你想宣传就需要打各种广告，而今天你只要把部分股权让出去，店面运作风险降低了，合伙人多出了几十个，更重要的是，作为你的股东，他们就会借助自己的朋友圈来主动帮你做宣传，这就是共赢和社交红利。当然，前提是你要用心把你的店铺做好、服务做好，能够进行标准化扩张，有独特的卖点，如果这些条件你都符合的话，一定要抓住这次风口，利用股权众筹来快速开出属于你的连锁店。

1.7 互联网思维将变成底层思维

互联网向传统行业的碾压实际上是高度文明在取代低度文明，而互联网思维将变成新社会的底层思维，传统行业应该快速学习互联网哪些思维呢？最核心的有如下三点。

第一，对产品和对用户体验的追求。万物归宗都是对产品的极致追求，比如做一件衬衫，从原料、舒适度、袖口的长短、衣领纽扣的位置等各个细节都要进行极致的思考和设计，而传统行业更在乎的是成本多少、定价多少、利润多少，却很少在产品本身的细节上、用户体验上、用户使用场景上进行研究和设计，这就是首先要改变的思维方式。现在请你思考一下，你提供给目标用户的产品是否会超出对方的预期？你的产品细节是否让你的用户感到不可思议？你知道在 iPhone 手机的设计中，每天早上叫醒服务的铃声音量都是由小到大的吗？你知道用户点关闭屏幕时发出的那个声音都是经过精挑细选的吗？你知道某互联网人做的餐馆中连碗和汤勺的弧度都是经过最适合用户喝汤角度测试后设计的吗？对产品的极致追求，对用户体验的极致追求是我们必须要学习的一种思维方式。

第二，单品极致，拿手机行业来说，你可以看到 iPhone 每年只推出一款新手机，顶多再有一个平板，而很多国产手机每年会推出几百款不同功能、不同型号、不同价位的手机，然而两者效益对比，一目了然。传统行业要学习的第二个重要的互联网思维就是单品极致，你的很多业务线其实都可以砍掉，把最具核心竞争力的产品做到极致，你会发现单品利润反而可能比原来十几条产品线的利润还要高。传统行业是靠体系带单品，但互联网行业却要靠单品带体系。360 做好了 360 安全卫士，才带出了 360 杀毒、安全浏览器等一系列产品，互联网单品极致实际上就是要化繁为简、化简为精。

第三，用户参与产品的迭代。有了做好产品的意愿，也把更多的时间和精力放在了单品上，那么接下来就要持续不断地迭代你的产品。好产品不是一拍脑袋就能做出来的，你需要用户的参与，让他们的反馈帮助你持续不断且有的放矢地改进产品。无论是实体还是互联网产品都需要用户参与进来进行监督、反馈、参与改造，这也是人气产品诞生的必经之路。

第二章

微电商与微信营销的本质和误区

这一章，我们要透彻地认识和了解微电商和微信营销，很多人对此有认识上的误区，这对微信运营者来说是致命的：方向错了，怎么努力都不行。本章内容以一个互联网人的角度来帮助大家剖析解读什么是微电商、什么是微信营销，以及大家的理解中有哪些误区。

2.1 微信在移动互联网生态中扮演的角色

随着移动互联网和物联网时代的到来，互联网向各种传统行业快速渗透，整个生态系统越发以互联网为底层建筑。那么在整个生态系统中，微信扮演着什么样的角色呢？这一点我们必须搞清楚，因为这对我们的认知有很重要的帮助，可以让我们站在更高的位置上来看自己的运营模式。

首先，微信扮演的是 App 分发和承载的角色，过去要下载一个 App 就要去应用商店，比如 App Store，下载完之后就可以在手机上使用。但是随着微信的异军突起，你会发现 App 的打开率越来越低，App 的使用时间越来越短，App 的用户留存量越来越少，相反微信的活跃度、打开率和使用率都在上涨。所以，越来越多的开发者开始基于微信这个生态来搭建微信账号，通过微信开发来实现原有的 App 功能。比如你想查询天气，就无需单独下载天气的 App，只要在微信上关注一个能提供天气查询功能的微信公众账号就可以了；比如你想做个用户调查，也无需单独下载做用户调查的工具类 App，你只要关注能提供调查工具的微信账号，然后通过他们的微信账号即可创建调查表单；再比如你想做一个炫酷的 HTML5 的页面，你也无需下载制作 HTML5 页面的 App 工具，你只要关注提供该功能的微信公众账号就可以实现了。

此外，App 很多时候还会出现闪退的问题，而且还会占据内存。而这些问题的避免都可以通过关注细分的公众账号来解决，且它们都存在微信这一个 App 上，所以微信就好像是一片肥沃的土壤，各种花、鸟、树都可以在这片土地上欣欣向荣。

那是不是说有了微信就不用 App 了呢？当然不是！接下来我们就要分析这二者的区别。微信这个从生态底层生长出来的各个应用都比较轻，应该叫轻应用，如果想要更加深度地去体验、实践，那么就需要 App 了。比如你可以通过某个公众账号买景区门票，但如果你想要更多的门票、更多的优惠和看更多的用户评价，你就要下载其 App 了，因为只有 App 才能更好地看到后台数据。他们的产品也是基于数据进行优化，从而提供更深度的服务和更好的社区体验，所以基于微信的创业往往都是先从微信公众账号做起的，因为开发成本低且能快速验证自己的想法是否靠谱，然后得到用户的反馈以改进公众账号的体验。等发现微信公众账号不足以支撑你的用户群时，就需要做自己的 App 了，这样做水到渠成，无需花费太长时间和太大的人力成本，可大幅降低试错成本。

所以，微信扮演的第一个角色就是 App 的分发和承载，但这些功能往往都是轻应用，一般 App 类的创业如果能通过微信开发来实现最核心想法的话，建议最好从运作微信公众账号开始，这样能大大节省开发成本。

微信扮演的第二个商业角色是 CRM——用户管理。很多前卫一点的传统公司可能会装个 CRM 软件做用户管理，大部分传统公司就是用 Excel 等工具把用户的信息如姓名、电话、消费信息、背景、付费能力等统计出来，然后通过一些数据挖掘、跟踪等来进行用户管理以达到使其持续消费的目的。有的公司或员工维护客户的方式特别生硬：逢年过节群发一些不痛不痒的祝福短信，有新产品了进行群发通知，有促销活动也通过群发或打电话告知客户，这样的方式会招致很多用户的反感，因为这会让用户感觉到很被动。

微信运营就不同了，首先用户是主动关注你的，你提供的信息如果没有价值，他可以随时取消对你的关注，这就促使企业绞尽脑汁去提供真正有价值的内容和服务，而通过后台的数据就可以看出什么样的内容和服务是用户喜欢的。通过微信，你还可以把用户分组，然后按照用户的性别、年龄、地域进行有针对性的信息推送。传统的客户管理想让老客户介绍新客户是很困难的，但微信做为 CRM 关系管理，做到这一点就容易多了——

只要给老客户看得见摸得着的利益，他们就愿意主动帮你分享、传播，而且他们影响的是整个圈子的人，所以如果病毒营销设计得好，传播效果要比原有的方式好上千百倍。

不仅如此，基于微信的用户关系管理包括促销等各种方式都更新了，可能是大转盘抽奖，可能是分享后得优惠券，可能是参与互动有惊喜，可能是分享到朋友圈得到更多的抵扣券……你会发现借助微信公众账号进行用户管理会变得更加有趣，用户也更愿意参加这种活动。如果把微信公众账号进行人格化运作，那么你将和粉丝建立良好的情感链接，这才是真正的用户管理而非客户管理。

还有一点是基于微信公众账号的群发消息到达率几乎 100%，很多用户还会通过自定义菜单等方式主动寻找打折券，这对于促成用户的重复购买有很大帮助。此外，100% 的到达率是邮件点对点发送等营销等方式都无法做到的，邮件营销销售产品的信息到达率为 92% 左右，基本转化率是千分之三，而邮件营销名单的获取精准度也很难达到微信的标准。只要宣传方式对路，那么微信公众账号导流过来的基本上都是你的目标用户。

微信扮演的第三大角色是移动电商。最近微电商越来越火，很多人都开始经营或者想做微电商。而基于微信、朋友圈、微信公众平台基础之上的微电商也开展得如火如荼，很多朋友都快被朋友圈里卖面膜的、卖水果的、卖珠宝的各种广告给烦死了，这也是本章要跟大家说的认识误区之一。很多人对微信电商有很大的认识误区，微信所扮演的移动电商角色绝对不是淘宝类型的电商，淘宝类型的电商是基于中心化流量的，中心是谁？是淘宝。做过淘宝电商的朋友都知道，流量是要买的，是要做淘宝直通车的。想要免费的流量何其难，更难的是，淘宝把流量卖给商家，商家进行竞价排名，客户来了买完就走，和商家的黏度不大。而微信不一样，微信经营的是用户，需要的是重复购买率，是个去中心化的组织模型。其流量来源也不是依赖于生态平台本身，而是多种渠道导流，最终以建立信任为基础的。300 个核心粉丝就可以支撑起一家微店的微电商模型，所以，微信这个产品在电商去中心化的角度起到了非常重要的作用。可以说人人都是媒体，人人都是交易的源头，人人又都是口碑的传递者。

微信扮演的第四种角色是社会化服务平台。任何人都可以通过微信提供服务，在过去，一个普通律师想为客户提供收费的法律咨询几乎没有什么好的渠道，有了微信之后，搭建一个微信公众账号进行经营运作就可以提供法律咨询服务，还可以完全自主定价。同理，各行各业，无论你是懂音乐、懂营销、懂市场、懂文案、懂产品还是懂什么，也无论你的级别和道行有多深，只要你愿意，都可以通过微信运作来提供服务，并且从中获取相应的收益。这也充分调动了社会各界力量，让提供服务和获取服务的门槛都大大降低了。当越来越多的服务提供者和服务获取者在这个平台上进行价值传递的时候，微信所扮演的就是社会化服务平台角色，让基于微信平台的创业可以百花齐放，也让微信营销借助这个社会化服务平台得以更好地运作，关于如何运作，后面会进行讲解。

微信扮演的第五大商业角色是移动搜索。随着移动端市场占有率越来越高，大家上网的终端从原来的 PC 端快速向移动端转移。腾讯和搜狗进行了战略合作，将索引微信中公众账号的文章，每天微信公众平台上海量的 UGC 内容将通过爬行蜘蛛进行索引。未来你在微信上进行某关键词搜索时，它将提供给你包括相关内容和价值服务的公众账号等搜索结果。人们的一些搜索习惯也将慢慢地开始转变，比如你想咨询皮肤如何保养，如果你在百度上搜，就会发现搜索到的信息很多都是网友随便写的，而如果你在微信上搜，看到的则可能是更加专业化的讲解和服务——名化妆师亲自撰写的图文消息、皮肤测验和推荐的皮肤保养教程的相关服务号，你会发现更多你感兴趣且有用的内容和服务都在这里。当你下一次再想搜索的时候，只需打开自己关注的微信公众账号进行自助式查询就可以了。微信不能代替真正的搜索，但是当你需要的内容和服务更加详细、更加高质的时候，你会去微信上搜索，所以微信将在某种程度上扮演着移动搜索的角色，这也意味着做微信运营的同学要提前进行内容布局，好好思考如何让你的内容矩阵被微信更好地收录，以便别人搜索相关内容时，你能够排在前面优先展示。或许某一天，这种展示位置也会通过竞价的方式进行付费排名，但是质量好、观看量和用户搜索匹配度高的内容一定会优先排在前面，所以如果内容的布局很好，对未来自然流量的导流将起着至关重要的作用。

微信扮演的第六大商业角色是物联网。物联网变化非常快，微信不只连接着人和人、人和服务，还连接着上网的机器。比如可以让每个机器用二维码做它的 ID，在微信中即可通过和设备对话直接控制设备。比如现在有一家公司叫“叶美图”，它的微信公众账号也叫“叶美图”，你关注它之后可以给其公众账号发送一张照片，输入终端机器的微信验证码后，叶美图30秒内就能在无线终端接收照片并且制作出非常有风格的卡片。实际上这就是微信内部账号和终端机器直接进行对话产生的相应操作，也是微信在物联网中扮演的一个角色。

我们可以想象几个场景，下班前，你用微信对着家里已经放好米和水的电饭煲下达做饭指令，对空调进行遥控开启。回到家之后你会发现饭已经焖好了，房间的温度刚刚好，是不是很酷！晚上躺在床上想睡觉了，懒得起身去关灯，如果灯上有一个二维码做为灯的ID，就可以拿起手机通过微信跟灯的ID对话直接关闭。现在微信已经开放了智能设备的接口，越来越多的围绕着微信这个接口而开发的智能硬件开始市场化，这也意味着微信将变成众多智能设备的遥控器，就像雷军的小米手机一样。

2.2 微信营销的核心载体

很多人在做微信微店时常走入两个误区：1）运营微信，注册一个账号就想推广做粉丝；2）卖东西，弄个微店后复制店铺链接就开始发各种广告。这种方式在PC端都行不通，在移动端更不能这么玩儿。微信是工具不是神，不是建个微信公众账号后做个推广就可以进行粉丝交易的，微信需要精心耕耘，从0到1000个粉丝可能需要30天，从1000到2000个粉丝可能需要20天，从2000到10000名粉丝可能只需要10天，这是个循序渐进的过程，不可能一蹴而就。

微信营销是需要载体的，我们首先比较一下电商移动化和移动电商的区别。就网站而言，网站移动化就是把 PC 端的网站通过自适应挪到移动端，“自适应”是一个技术术语，就是这个代码可以自动去适应手机屏幕的大小。什么是移动网站？移动网站是基于移动的使用习惯重新进行 UI 设计的展现形式。很多人看到过用户体验很好的移动网站，但是这和网站移动化是两码事。

什么是电商移动化？把 PC 端的电商挪到移动端就是电商的移动化，比如说手机淘宝、手机京东就是流量的思维，是中心化的，你需要在淘宝上买流量来进行转化，流量购买占据了非常大的成本，如果你做微店还照搬做淘宝的流量思维那肯定是苦不堪言，因为你会陷入想办法解决流量，然后一锤子买卖，然后再解决新的流量这种怪圈中，辛苦无休止。

移动电商的生态基础是人和资讯，也就是关注你公众账号的粉丝和你发送给他们的内容——在人和资讯的基础之上实现商品转化。而淘宝和天猫的生态基础是商品，你去淘宝、天猫的目的就是买商品，所以淘宝天猫是基于商品流来实现人流量。如果你想在移动端上卖一个商品，弄个微店后复制链接就开始推广行吗？不行，你还要好好打磨你的商品，建立起信任和品牌认知。

比如我对“一地一味”的认知是超高性价比的优质水果品牌微店，它刚开始用 10 元包邮超高性价比获得了第一批用户，而我买了之后能感觉到它的水果质量确实很棒，那我就愿意花正常的价格重复购买他们其他的水果。而如果产品质量不够好，即使你花了再多的心思去营销推广也不过是一锤子买卖。所以大家千万不要再停留在PC电商的流量思维上了，微信运营要把客户当用户来用心经营。换句话说，移动电商要以产品为核心，先把品牌人格化、故事化，然后才到营销推广这一环节。很多人没有实体商品，只是运作微信公众账号，那么首先要做的就是内容信息的定位，不要大而全，而应聚焦在某一个细分领域开始做起，把内容和服务做好，在这个基础之上做商品推荐或者自营商品都可以。

像淘宝和天猫是以商品为主导的集市生态，在商品基础上有了大量的人群；而那些做粉丝的公众账号以粉丝经营为主导，然后才是商品。如果你没有粉丝经营的过程，不为他们服务，不能给他们提供价值就没有后面的商品。用PC端的思维做微信运营绝对不行，移动电商必须经营粉丝，先提供价值，可以用内容作为载体。

我们再来看为什么微信和淘宝一个是电商移动化，一个是移动电商，它们的本质区别在于一个是良性循环，一个是恶性循环。做淘宝天猫是需要打广告的，比如卖面膜，为了和淘宝上无数个卖面膜的商家竞争，你必须交钱给淘宝，你的商品才能在用户搜索关键词时候排在前面，从而实现交易。也就是说你需要用钱去换流量、换交易然后赚钱。换句话说，当你的“广告费”停下来时交易就没有了，因为买了你商品的用户在交易完成之后就走了，这个用户不是你本人的而是淘宝的、是天猫的。但移动电商的思维是：用户就是你的，不属于微信官方。在用户基础之上你就可以实现高重复购买率。比如“优客急送”，大家买完商品之后他们还会提供在线训练营等源源不断的服务。很简单，今天的时代用户是具体到某一个人或某一个品牌的。你必须不断地提供服务和价值，他们才愿意为你的服务支付金钱，从而提高重复购买率。微信电商的思维是为粉丝提供价值，通过价值建立粉丝群，然后不断地滚雪球。雪球滚到一定程度时，很多不同的商品就会出现重复购买率，这就是一个良性的循环。

那么雪球如何滚起来？比如有的人做一个App，做完之后就开始各种推广，那不行。因为产品的运营、微信的运营都不是靠运营本身驱动的，也不是靠市场行为驱动的，归根结底还是要靠产品驱动、靠用户驱动。什么是靠产品驱动，就是无论你的产品做成什么样子，也不可能满足所有用户，一定会有用户对产品不满，你要判断这个不满是否对你有好处，你要不要针对这些不满改进这个产品，怎么改进？其实，在跟用户交流的过程中不断迭代、更新、完善产品的过程就是运营的过程，也是靠产品驱动市场的行为；什么是靠用户驱动，就是你的产品提供给用户之后通过数据分析来看哪些特征是用户喜欢的，然后不断更新你的产品，用户喜欢之后就会自发地为你推广，无论是你的App还是网站。所以，能否靠产品激发出用户想炫耀、想分享的意愿非常重要。靠用户驱动就是让用户自发地帮你分享，老客户带动新客户，雪球才可以真正地滚起来。

微信营销的核心载体到底是什么呢？是产品。这个产品可能是具体的商品比如褚橙，也可能是一个工具比如优惠券的聚合，可能是与众不同的高质量内容，也可能是某种服务比如法律咨询，总之这些载体才是让你获得精准用户的关键，而不是靠到处发各种广告。粉丝的来源也应该是产品，他们可能因为喜欢吃褚橙然后关注你，希望通过关注你得到优惠，能够更方便地去购买；他们可能是因为喜欢你的内容，希望通过关注你持续获得他想要的资讯；他们可能喜欢的是你的工具，通过关注你可以方便地下载各种他想要的优惠券；他们可能喜欢的是你的服务，原本进行法律咨询要到律师事务所，很贵很麻烦，而现在关注你的公众账号使其变得很容易……所以你的粉丝获取应该是你提供的"价值"转化而来的，而不是因为你往微信群或者朋友圈等不同渠道中发布硬广告的推荐，这一点要弄清楚。

第三章

微信公众账号的规划与运营

3.1 微信运营的第一步

很多个人微信运营者和企业微信运营专员在开始做微信运营时都很苦恼，不知道微信运营要从哪里做起。他们大多数会注册一个账号，然后把产品一列就想着怎么去推广，其实这是不行的。微信运营第一步要想清楚两个问题：1）你的微信公众账号要提供什么差异化的价值？2）你准备以什么样的角度切入？没有想清楚这两个问题，就不要贸然申请公众账号，更不要随便采编一些内容发布，要知道微信公众账号更多是为了和用户进行交流。很多人有这样一个认识误区：内容每天都要发，或者说微信运营就是要经常发内容才叫运营，其实不然。如果内容本身采编或者原创的价值不高，那么你发得越频繁，别人取消关注你的概率越大。所以一开始一定要想清楚你能提供什么差异化的价值，让用户更方便更优惠地购买你的商品？更好地细分内容？更专业的资讯汇总？还是更好用的工具……当你想清楚自己能提供的价值之后，下一步就要明确以什么样的角度切入？很多人一上来就想解决非常多的问题，比如一个微信公众账号既能订购商品又能查询天气，既能了解交通，还能发各种类型不同的图文信息，看似无所不能，结果却是哪个都做不好。所以一定要抓住用户最迫切需要的痛点进行切入，把一个点做好了之后再进行拓展。

微信运营者的基础不太一样，经过调研后，发现大致可分为几种类型：一是基础特别薄弱，连微信的注册、订阅号和服务号的区别都弄不清楚的人；二是基础还不错，但只热衷于加粉的人；三是基础不错，也希望能在转化层面上有所提高的人。从运营者扮演的角色又可以分为四类，第一类是个人微信运营者，有产品的人热衷于做微店商，没有产品的不知道做什么但也很想做；第二类是企业微信运营专员，帮企业做运营推广，关注的关键点在粉丝量、互动和转化率上；第三类是高管，他们想学的主要在思维和组织配置上；第四类是个体店老板，他们感觉微信很火，也想跟上，但不知道从何下手。从行业来分的话就五花八门了，有餐饮行业、互联网行业、4S 店等多种微信平台。这些不同种类的微信运营者存在几个共性的问题：第一是切入点不对，一上来就想做个庞然大物，比如有的运营者想要做移动版的 58 同城，他们不知道这种平台需要多少开发人员和多少地面部队才有可能做起来，这种切入角度太大了，一口气吃个胖子肯定不行；第二个问题是急功近利，比如有的同学想做微商、开微店，建个微店就开始在朋友圈、微信群、QQ 群里面发广告，按照传统的思维去做，不注重产品、不注重积累，一味地舍本逐末去追求粉丝量，陷入了恶性循环。更可怕的是，这样的人多了，整个行业就会被做烂，就像当年的 QQ 邮件营销一样。

当年邮件营销很火的时候，大多数人开始做自己的产品，同时利用营销软件给大量的 QQ 用户发广告信息，让诸多 QQ 用户不胜其扰。但是也有一些人做的是基于订阅的邮件营销，他推荐给你的不是广告邮件，而是好的内容。比如他想卖营销类的课程，他会先推送给你好的内容，然后提示你去关注并订阅他们的邮件。通过好的内容吸引了非常多的订阅者时，他们才开始写销售信。然后继续提供内容，就这样一点点滚起雪球。而那些一开始就发送垃圾广告的人基本上都被腾讯官方屏蔽掉了。我们从当年两种不同邮件营销方式的结局来反思，今天的微信营销中是不是也有这两类人：一类是各种发广告，不但转化率低还容易把整个行业做烂的人；一类是用心选择经营产品、靠口碑起家的人。他们的最终结果肯定也是截然不同的。

那么，微信营销的第一步到底应该做什么？针对不同类型的运营者这里给出不同的建议。

第一类是想做微商的朋友，第一步要选好爆品，因为不是所有的产品都适合做微商。爆品应该具有以下几个特征：1）需求大，市场要足够大，否则竞争激烈，销量很难保证；2）价格不高，比如几十元、上百元，尽量选择单价在 300 元以内的产品。因为随着价格的上升，需要的信任度和用户经营的成本就会越来越高，单价达到一定程度时用户就会去实体店挑选了；3）利润率高，如果单品的利润很低，那么尽量不要选择这种产品，至少也要选择利润率在 20% 以上的产品。这是从品类的角度分析。

接下来从品质和品牌化的角度着手分析，假设你要在微信上卖水果，那么这个水果的产地、特色、品质都要详尽说明，同时还要用故事化和概念化塑造产品品牌。

下面以“一地一味”推出的苹果为例，看看它们的苹果是如何选择产品，如何保证产品质量，又是如何用故事化和概念化塑造了不一样的苹果。下面这段文字摘自“一地一味”服务号原文《纳尼～新品 5 折？仅此一天！S 级苹果震撼来袭！》

纳尼～ S 级苹果？什么鬼？请听“一地一味”君徐徐道来！如图 3-1 所示。

图 3-1　S 级苹果

“S”级产品标准如下：【Super】最优！在一地一味即将有一个“全新、全面”的呈现！这是一个产品，也是一种服务，更是一种标准！找理由好过找卖点，我们给你足够的理由！如图 3-2 所示。

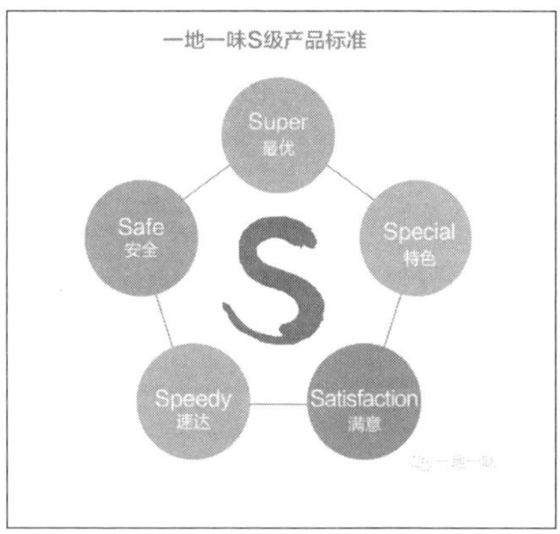

图 3-2　S 级苹果产品标准

从枝头到舌尖，还你味蕾享受！寻味团走访了 20 多家种植基地，亲尝 33 个品种，经过反复调研和对比，选择了栖霞西城镇邹家村的栖霞苹果。如图 3-3 所示。

图 3-3　栖霞苹果

【Safe】安全！全程多方位考察，采用物理杀虫，无农药，更安全！人工修剪树枝，量虽少，却能有效提升品质！全程带果套，有效防虫，防农药！只为这一口甜蜜可以吃得更安心！如图 3-4 所示。

图 3-4　安全保障

【Special】特色！多一分则腻，少一分则废！明察暗访终寻得8 ~ 15年老树群，要知道，8 年以上的苹果树结出来的苹果口感比其他年份小的果树结出的苹果口感高出很多哦！

同时，颗颗都在半山腰，阳光水泽刚刚好！这里的日照和海拔都达到苹果最适宜的环境需求！如图 3-5 所示。

图 3-5　特色性

【Speedy】速达！为你而挑！果型选择最适合上班族的80mm果，口感最好的时候，果糖高而不腻，果感脆而香，不化渣！不需再寻！节约你去超市、水果店挑选的宝贵时间！如图 3-6 所示。

图 3-6　80mm 果

【Satisfaction】满意！满意和惊喜的不仅是口感！还有新品上市的“S级苹果5折优惠券”！如果你收到两颗不一样的栖霞果，完全不用紧张，虽然果面条纹不一样，但品质是完全一样的！或许你能品尝出不一样的口感来哦！要的就是你惊喜！如图3-7所示。

图3-7　我们的果

以上就是“一地一味”服务号的原文，看完后大家应该可以感觉到，同样是产品，人家就能在选品和质量把控上做到极致，同时在概念化、故事化塑造品牌上下足工夫，这才是微商的关键。正如开篇讲趋势的时候说到的，消费者的选择越来越多，信息不对称越来越少，产品将是最大的营销，产品就是广告。如果你想做微商，一定要先做好产品，而不是听一些所谓专家的加粉策略，那都是术，产品才是道。如果你不能从源头把控产品，那么你至少在选择上要比别人更考究。

对第二类想做企业类微信运营、自媒体或者个人运营的公众账号而言，微信运营的第一步应该先集中精力做出超高质量的内容采编。什么样的内容是好内容？首先你要集中采编细分领域的内容。比如你要做一个和皮肤相关的微信公众账号，千万不要一上来就把和皮肤相关的好文章都往上放，可以先集中采编其中的一类内容，比如祛痘。祛痘的相关内容有很多，大多是卖祛痘产品的软文。所以，此时内容生产者的背景就非常重要了，如果你采编的内容全部来源于三甲医院的皮肤专家、营养学家、中医专家等权威人士，而不是随随便便地摘抄而来，你的内容就会有差异化定位同时更加可信。你的图文消息打开率和微信账号的公信力也会越来越好。祛痘这个细分品类整理完之后，可以接着采编如痤疮、保养、保湿等知识性内容，通过作者的权威背景和网上鱼龙混杂的文章区别开来，你在用户的认知中就有了一席之地。

除此之外，成系列、成逻辑的内容体系也是用户喜欢的，比如你运营一个商业类、经管类或创业类的微信公众账号，就要想办法把内容按照逻辑层次进行聚合分类，比如互联网类的创业公众账号，你可以按照互联网创业的先后顺序来采编内容，互联网创业的流程大致可以分为产生 iDea、组建团队、撰写商业计划书、开发产品原型、产品运营和融资 6 个步骤，那么你就可以按照这个逻辑分别采编三篇相关的高质量文章，然后把自定义菜单设置成一个按钮的自动回复，可以是这个流程的文章目录，回复不同编号就可以看不同阶段的文章。这种有逻辑层次、成系列的内容对一个零基础的读者而言就很有价值，也会提高收藏率。

3.2 微信营销的核心目标与运营重点

对很多企业来说，如果运作微信的目标仅仅是为了卖更多的商品，那微信的作用还是只停留在工具层面。其实微信还有一个很重要的商业角色是 CRM（Customer Relationship Management 客户关系管理），所以对企业尤其是传统企业而言，一定要转变思维，不要再把你的客户只当客户来对待，而是要用心去经营，把他们变成你们的用户、粉丝甚至是分享经济下口碑营销的重要一环。

对企业的微信运营者来说，把微信营销的目标定位为产品型社群至关重要，最直观的感受就是近几年手机行业中非常耀眼的明星小米：极致的产品、超高的性价比和良好的用户体验使其积攒了一大批粉丝，而这一大批粉丝成为了产品的免费体验员、测试员和传播员，也正是这些发烧友造就了今天的小米。所以，企业一定不要把微信当做简单的卖商品的工具。

那到底什么是产品型社群？产品型社群是基于产品，由于共同的兴趣爱好、共同的价值观而组织在一起的圈子。比如“米粉”就是基于小米这款产品组建在一起的圈子，逐渐又有小米游戏、小米电视等以不同产品为主导的产品型社群。像罗永浩、罗振宇是以人格、情怀作为切入点，作为一开始主导的情怀型社群，但最终还是会回落到产品本身。

在移动互联网浪潮下，很多企业不再是以体系促局部，而往往是由一个局部带动体系。过去很多企业是在一个战略的框架之下进行战术的运作，比如一个公司在做金融类的产品，它有一个 ABCD 的计划来做哪些产品。而今天的企业则是先曝出某一款产品，当这个产品有足够多的用户之后，再由这个产品来带动整个体系。所以你会发现一旦某个产品真正获得了海量用户之后，企业就会迅速以这个产品为核心构建社群。一旦这个社群构建之后，这个生产企业的其他产品就都可以在这个平台上售卖了，很多利润就会从粉丝当中通过衍生商品或其他方式来获得。

我们还是以手机行业为例，早先的诺基亚、摩托罗拉是以硬件为王的手机，如今的 iPhone 以设计为王，小米以社群为王、兜售的是粉丝的参与感，而锤子走的则是人格情怀路线。无论是 iPhone、小米还是锤子，无论从哪个角度切入，其最终的落脚点都是高质量、高用户体验的产品，且最终都能形成自己社群式的大生态。

现在比较流行三大社群：第一个是从人格情怀的角度入手——有一个意见领袖或者塑造出一个有影响力的个体，由这个个体衍生出产品。所以你会发现现在一些有影响力的脱口秀名人也开始做手机了。这拨儿人便是基于人格情怀来打造社群之后开始走进手机行业；第二个是基于产品本身形成的社群，像苹果、小米、特斯拉均是以超高性价比的产品为入口形成的社群；第三个是以微信等工具角度切入形成的社群。

早先的诺基亚、摩托罗拉的商业模式卖完手机就结束了，虽然有一些企业也做一些客户关系管理，但是在私人层面上始终没有把用户放到一个高度。苹果、小米已经开始把重复购买率、提升用户的高度提上日程，卖完手机对他们的商业模式而言才刚刚开始。 产品只是他们获得海量用户的一个入口，社群才是其真正的商业模式。但是苹果并不代表趋势，因为其硬件的毛利润将归零！但是其产品观已深入人心，生态商业模式也为人津津乐道。大家使用的很多 App 是免费的，但实际上在国外很多 App 是收费的，所以在国外基于商店卖给用户 App，苹果分成的比例非常高，当然苹果最大的利润依旧来源于手机硬件的售卖。而小米是今天这个时代社群商业模式的代表，通过超高性价比的产品只是为了获得海量的用户，从而构建社群。

要更好地去理解不能把微信当成一个卖产品的工具，而是构建产品型社群的一环，我们首先需要知道传统营销和新型营销的区别：传统营销实际上是占领用户的大脑和心智，而随着分享经济这个大趋势的来临，移动互联网的浪潮越来越大，新经济形态下的营销更重要的是如何占领用户的嘴，用户的嘴不只是他脸上的那张嘴，更重要的是他的社交媒体和圈子。如何让他帮你在其社交媒体中推广你的商品，如何让他在谈论相关话题时心甘情愿地去推荐你的商品，这是新型营销需要解决的问题。所以你会发现，在微信朋友圈或广告平台中的很多营销手段都是以一些优惠或小礼品来换取目标用户把这些内容分享到他们的社交媒体上。

我们再说几个场景让大家感受一下营销在不同经济形态下的微妙变化。过去的营销更多是通过市场调研来确定差异化定位：比如送礼就送脑白金，把脑白金不当保健品而是当成礼品来卖；怕上火喝加多宝，定位在怕上火；去油腻喝九龙斋，定位在饭前饭后去油腻的饮品。类似的例子还有很多，我们从中可以发现，过去的营销更重要的是找到一个空白点，并且是用户需求的痛点来进行差异化定位，通过广告送达的方式占领用户的大脑和心智，然后达到销售的目的。而分享经济的营销是怎样的呢？你要想想你的产品能否在用户心里造成等级感、炫耀感和分享感，你要思考为什么有的人去吃雕爷牛腩喜欢照相，喜欢把自己在餐馆吃饭的照片发到朋友圈里，甚至分享的动机只是为了证明他们来过；伊利优酸乳表白版会在饮料瓶身上留下一个白色区域供用户来写字，你写的是表白也好、甜言蜜语也好，当你送给某人这款饮料时，你觉得这只是一瓶饮料吗？这种产品设计为什么会勾起人们的情感呢？所以，要仔细想想，你的产品背后有没有情感？你的产品设计能否激发用户分享的欲望？这个是分享经济形态下要进行重点设计的点，产品就是广告，而不是把广告和产品分离，靠广告来卖产品。总之一句话，传统的营销看重的是定位、渠道和广告，而分享经济时代下的营销，虽然说定位、渠道、广告这些依旧很重要，但更重要的是如何设计出能让用户产生分享动机及场景的产品，这个动机和场景形成的口碑营销极其重要。有了针对分享动机和分享场景的设计，就有了扩大社群的基础，让产品说话，让粉丝带动新人成为粉丝，这样就形成了良性传播。

社群商业模式有三个最重要的元素：1）产品，比如小米的手机就是产品，它是获得流量的入口。我们做微信获得粉丝的一个关键点就是要做好产品，产品做好了，80% 的营销就做完了，产品本身能否做到超乎用户的预期，是否有尖叫点，是否有超高性价比是构建社群最核心的要素；2）铁粉，不仅要有粉丝，更要有铁粉；3）关系连接，就是把你的客户变成你的用户，把用户变成粉丝再变成铁粉的过程。小米手机实际上是入口产品，那它靠什么赚钱？一旦社群成立之后，公仔、米兔、T 恤等纷纷登场，带给小米非常多的赚钱方式。而且在智能硬件这个风口上，小米手机会变成很多智能硬件遥控器，小米希望通过手机在小米生态圈内连接一切。

有的人可能没有实体产品，那就必须要先靠优质内容把潜在粉丝吸引过来，然后持续不断地提供价值，这种价值可以是服务、咨询或者优惠功能。总之，内容是媒体属性，用来做流量的入口；铁粉和关系连接是关系属性，用来做流量的沉淀和口碑营销的传播；商品是交易属性，用来实现转化。从社群运营的角度来说有几个关键点：1）产品是核心，开始可以做极致单品，微利甚至毛利为零；2）创始人能够做自媒体，很多时候营销企业的产品不如做营销企业的创始人能更好地建立社群。像乔布斯、雷军、罗永浩等个人魅力营销的社群会更好建立；3）持续不断地提供价值，才能不断把你的客户变成用户，把用户变成粉丝再变成铁粉；4）让用户参与进来，跟他们一起改造产品，和他们互动；5）建立粉丝沟通渠道，兜售传播文化；6）通过线上、线下等各种方式传播文化；7）根据用户需求随时裂变、衍生出新产品，形成持续、多元的盈利模式。

第四章

基于微信生态的各种创业方法

互联网创业往往会从工具入手，然后在工具的基础上建立社交关系，通过社交关系做成社区，通过社区来沉淀用户，然后通过广告、增值服务等方式进行变现。这里比较讲究如何去抓需求点，如何差异化，如何单点突破，如何把用户体验做到极致，对于非互联网行业的人来说可能存在一定难度，所以，接下来我们会通过各种案例来为大家深入讲解。

4.1 单点突破

互联网创业要单点突破，很多人想基于微信这个生态进行创业的 iDea 实在是太泛了——有的想在微信上做类似于 58 同城那样的本地生活化服务，他们对那种项目需要多少技术开发、多少人力、多少地推团队和多少资本投入才有可能做起来完全没有概念，更何况今天这个时机基本上是做不成的，因为那个风口已经过了；有的想在微信上做超市，他们以为把商品列上去就可以了，完全不知道物流和数据在这个项目运营中的分量；还有的大学生想在学校里面做微信，通过微信提供各种服务，什么订餐、聚会、学校信息、社团等无所不包，他们不明白在人人是自媒体、人人可以创业的时代，单点突破有多重要。这些人的脑子里都有特别巨大的蓝图，其实都缺乏创业的基本知识。

一个超牛的产品往往是从一个细分市场单点突破发展起来的，这个单点往往就是工具，可以精准解决当下需求痛点的工具——当年的 QQ 是通过在线即时通讯工具入手的，他们一开始也不知道最终可以靠增值服务、游戏等方式进行盈利；当年的 YY 是从语音聊天工具入手的，当时打游戏需要团队合作，但是打游戏的人本来就很忙，还要敲字交流就会很麻烦，所以 YY 应运而生，用语音聊天解决了众多组团游戏玩家的麻烦；当年的好 123 从解决大家找网站的需求入手，提供了一个可以快速找到对应需求的网页，他们也没想到自己最终的盈利模式居然是百度竞价；360 通过免费的安全卫士入手，解决的是传统杀毒软件需付费、操作繁琐的需求痛点，做到用户量特别大的时候才探索出通过 360 安全卫士推广 360 浏览器，然后通过 360 浏览器的搜索竞价和游戏来进行盈利；几年前没有人和公司会特别在乎输入法，我们经常用的微软输入法非常难用，所以有的人不得不去学五笔，搜狗抓住这个痛点把搜狗输入法做到极致，让打字变得极快，输入法市场几乎是搜狗输入法一家独大，等到其市场覆盖率达到一定程度的时候，再开始推广其他的产品，比如搜狗浏览器、搜狗壁纸等，同样也是单点突破；金山公司想做安全市场，但是金山卫士、金山毒霸无论走哪一步都被 360 穷追猛打，最后通过在国际市场上以“清理”这个单点进行突破重新进入安全市场，可以清理插件、清理内存等……

大家想基于微信进行移动互联网创业时，先看看这些成功者的足迹，一开始千万不要来一个特别宏大的想法，可以先深入思考某一个细分的痛点，这个痛点一方面要是足够多人的痛点，另一方面要是巨头们看不上的，如果巨头都在抢，你的资源少、钱少、人脉少，那基本上是会被巨头碾死的。所以，对需求痛点的敏感度是一个优秀创业者必备的素质，这种素质是通过工作、阅读、见识、环境等各个方面熏陶培养出来的，所以大家首先要确定一种思维是：单点突破！

4.2 从工具入手

有了单点突破的思维之后，我们就来说说基于微信创业的思路有哪些，第一个就是从工具入手。微信对用户来说有几个特点：1）好用，简单快捷，成本低，门槛低；2）不用下载，不占内存；3）创业门槛低，最简单的就是通过自媒体进行创业，人人都可以成为自媒体。微信对开发者来说也有几个特点：1）微信用户群庞大；2）用户活跃度非常高；3）开发成本低廉，比 App 开发者节省 2/3 的工作量；4）跨平台，不用适配。这些属性导致原生的 App 越来越落寞了，也正是因为基于微信的各种需求的生起，所以以工具属性切入创业的团队越来越多。

当越来越多的人会发图文消息但是囿于微信排版不够美自己又不会设计时，基于这种需求开始出现各种方便、好看又好用的排版工具。目前来看，用户体验最好的就是秀米网，它提供了各种炫酷好看的标题、图片、正文排版，卡片、交互等模板，用户可以很方便生成炫酷的图文消息。

当越来越多的人开始有快速搭建微网站的需求时，就有了满足此需求的工具类产品，其中快站的体验相对更好一些，快站提供各行各业的微网站模板，可以通过拖拽的方式来快速搭建微网站，并且和微信无缝对接，还可以加很多的论坛功能，而且是免费的。当然模板毕竟是模板，想要随心所欲地搭建自己风格的微网站，还是需要学点技术的。

当越来越多的人想通过朋友圈发 H5 炫酷页面来打造场景营销时，围绕着这个需求开始不断出现各种工具，比如初页、易传单、微杂志、MAKA 等，这里以初页举例，它可以让一个不会任何技术的同学快速做出精美炫酷的 H5 页面，操作简单、模板精美，对很多不懂技术的同学来说是个很好用的工具。

当越来越多的人想通过微信进行更加丰富的调查时，围绕着这个需求出现了各种工具如麦客、调查派，他们可以让使用者通过快速、简单的操作即可实现非常丰富且具备良好用户体验的调查表单，还有背后的各种数据统计分析等，很多微信运营的同学用这类工具就可以避免使用微信中简陋的调查功能，可以使自己的调查更加个性化。

当越来越多的传统行业需要一键生成微商城、大转盘、活动促销、会员卡、积分制、小游戏等功能时，围绕着这个需求产生了很多第三方平台，其收费基本都是过万元的标准。

上面这些例子还只是冰山一角，还有很多针对各种不同需求提供解决方案的工具，可能是一个网站、一个 App、一个微信公众账号，从工具入手最容易把握用户的需求，也最容易验证市场需求。从工具入手的关键是对需求的敏感度和对产品的设计能力，同样是一个需求，有的工具有非常多的人在用且愿意用，但有的工具却无人问津，要么太复杂、不好用，要么模板太少太难看等，可能有的人会问他们如何盈利？互联网往往是先有用户再有盈利模式的，比如秀米现在探索的盈利模式是“去广告”，使用秀米排版时页面中会有一个提示叫秀米制作，如果你想把它去掉的话是需要交费的，还有很多 H5 页面会自带卡片式推荐广告等，去掉它们也要付费。当然如果你有构建社区的能力，把你的产品用户通过社区沉淀下来，那么商业价值可能会更大，甚至可以对接风投公司进一步发展。

4.3 从服务入手

从服务角度切入主要分两类，一类是提供自助类型的服务，比如“招远生活通”，实际上是提供当地各种便民服务如天气预报、快递查询、火车查询、违章查询、汉英互译、百科、看电影、股票查询等多功能的服务型微信公众账号。如果是餐饮行业，像会员卡、优惠券、预订功能、查询排号进度等都需要用服务类型的公众账号来解决。比如北京的一家火锅店，拿完号之后他会给你一个微信的二维码，让你扫一扫看前面还有几桌客人。所以很多用户是愿意关注这个公众账号的。在工具基础之上你发送的很多媒体内容、促销类内容就有了用户接收端。像旅游行业比如门票预订、酒店预订等功能的设置也是在加强微信公众账号的自动化服务能力；另一类是个性化增值服务，比如个性化表情，很多人在使用微信发表情时会有个性化的需求，所以有个服务号叫“似颜绘表情订制”如图 4-1 所示，就是可以提供这种个性化增值服务的公众账号。

图 4-1　似颜绘表情订制微信号

似颜绘表情订制是一个服务号，关注它之后它会自动回复你一个信息。点击“我要订制”就会出现一个单图文信息，介绍不同价位的订制及服务标准。除此之外还有我的似颜绘、案例展示、订制流程、会员服务等会员功能。其实他们还有一个服务号叫表情 mm，这个公众账号更加细分，有情侣个性表情、单身个性表情等。这个服务号其实就是基于表情个性化服务来创业的一个很不错的产品。它的盈利模式之一就是通过订制表情来收费。

再比如表情大全这个微信公众账号，你关注之后它同样会给你回复一些信息。如图 4-2 所示，我们回复"帮助"就可以和这个公众账号进行互动，它会出现一个图文信息，叫表情大全使用帮助。我们点击"表情大全使用帮助"它会回复给你一篇完整的文章，如果大家用手机浏览的话可能还不知道如何下载。没关系，这在第二段写得很清楚，点击"阅读原文"链接，即可进入表情大全下载页面。微信公众账号运营有一点就是：在你编写的内容中，你想让用户重点看什么内容，就要用与众不同的方式展示什么内容。比如这篇文章的关注点在"点击'阅读原文'链接，进入表情大全下载页面"，那就可以用为这句话加个下划线、变个字号等一些方式来吸引大家的眼球。语音表情是另一款插件，点击下载之后会出现语音表情的界面。

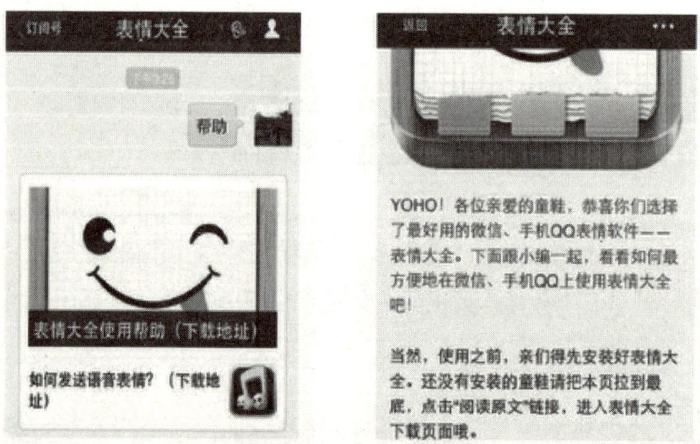

图 4-2 表情大全微信号

你可以选择你喜欢的表情，然后点“发送表情到微信”，这个表情就可以在微信中直接使用了。语音表情的盈利模式是怎样的？实际上它是靠给其他 App 导流来盈利的。语音表情这个公众账号是非常有创意的微信应用，如图 4-3 所示，它支持发送各种结合语音表情的搞笑图片，它有数百张精选图片和经典台词结合成的一系列经典语音表情，比如蜡笔小新系列、龙门镖局系列等。现在还支持自己录音，制作独一无二的语音表情，如图 4-4 所示。

图 4-3　表情 mm 默认状态

图 4-4　表情 mm 语音表情

它为其他 App 导流的盈利模式其实是通过开锁的流程，比如你可以免费看“卖萌”的语音表情，但是如果你想看“大锤的爱”“逗乐”“动态”“热门”“周星驰”等语音表情则需要解锁，解锁就要获取解锁的积分。比如解锁“大锤的爱”需要 200 个金币，当前你的金币余额为 50，点击“获取免费金币”，就到了右边的界面，如图 4-5 所示。你会发现你下载一个 App，就会得到相应的积分来解锁更多的表情。你下载其他 App 应用的同时，该应用会支付一定的费用给语音表情公众账号，所以说，它是靠帮助其他 App 导流下载来盈利的。

图 4-5 语音表情积分获取

再比如很多人在微信聊天时希望自己的字体很个性，也有专门针对这种需求的微信服务号为你提供个性化服务，比如微信炫字体服务号，它会提供各种好玩儿的、炫酷的字体供你选用。如图 4-6 所示。

图 4-6　微信炫字体公共账号

个性化服务的盈利模式大概有四种：1）直接定制收费；2）基础服务免费，定制化收费；3）向商家收取广告费；4）利用解锁等方式进行导流收取商家费用。很多人都玩过保卫萝卜，在保卫萝卜第二代游戏中，玩到一定关数时需要解锁，如果你没有把之前的关卡全部打通，就需要花钱购买金币来进行新关卡的解锁。在移动端同样也有这样一种收费模式，就是以解锁的方式来收费；还有一种解锁方式，让大家可以不用花钱，只需通过下载一些软件获得积分，然后用这些积分即可解锁新关卡。个性化服务微信公众号因此就可以和软件的商家谈收入分配。当然首先要满足一个条件，就是你提供的微信服务或产品要有足够的用户量，等有了一定数量的用户群之后你就会发现有很多的盈利模式可以去挖掘。但最常用的应该就是广告费、高阶版的定制化收费、帮助其他商家如 App 或其他网站导流来收取费用。所以从个性化增值服务角度切入进行创业也是一个可以选的思路。

4.4 做自媒体

对于想做自媒体的人来说，最重要的就是内容，内容分为原创和采编，首先，在定位上要能突显你的个性和差异化，你应该是某个领域的小专家，最起码要对某领域很了解；其次，你分享的内容要与众不同，可能你是一个钢琴教学领域的自媒体，钢琴教学也可以有好多细分，有教小孩儿的，有教成人的，有针对考级的，有针对兴趣的……教学方法也有很多不同，有的是按照正规传统教育的，有的是自己独创的方法，有的是需要识谱的，有的是不需要的……时间长短也不一样，有的是一节课半小时或一小时，有的却只有几分钟。所以你要想清楚你的目标人群和内容差异化定位，根据你的定位进行原创或采编内容。

内容采编的一个关键点就是内容的整合和连续，什么是内容整合呢？大家可以关注我的微信公众账号“liuyanpindao”，然后回复“100问”这个关键词就可以看到和微信相关的100个常见问题和解答，这些问题主要是根据大家的反馈和腾讯客服经常解答的一些问题进行的内容整合。那什么是内容连续呢？比如你要做一个和互联网创业有关的微信公众账号，那么围绕着创业的流程可能包括如何判断iDea靠不靠谱、如何验证市场、如何组建团队、如何做出产品demo、如何写商业计划书、如何融资等，那么你可以把每个过程进行采编后汇合在一起，变成创业的系列文章，这就叫内容连续，比单独的零散文章有价值得多。

除此之外，写文章或者图文消息也有很多技巧。为大家介绍一下微信用户的一些使用习惯，用户平均每天会在微信上观看5.86篇文章，订阅号80%的阅读量是来自朋友圈的，所以，用微信号朋友圈推广自己的微信公众账号是非常重要的一种方式，那么哪些品类的内容最受欢迎呢？按照阅读人数统计，排在前七名的分别是：情感资讯2.4亿、养生2.1亿、政法新闻1.9亿、企业管理1.2亿、国内旅游1.2亿、财经新闻1.2亿、烹饪1亿；按照分享人数统计，排名前七位的分别是：情感资讯5.9千万、养生4.5千万、政法3千万、疾病病理2.4千万、烹饪1.4千万、企业管理1.4千万、国内旅游1.3千万，看到这些数据，大家就应该知道采编内容时的方向和注意事项了。

4.5 提供微网站、微信开发、代运营等服务

对微网站、微信开发有需求的用户量非常大，一些人选择花上万元去购买第三方平台的服务，但是有非常多的人是花不起这个钱或不愿意花这个钱的。如果你能提供同样的服务，但收费却只有两三千元，靠这个聚集了一定数量的用户之后，就可以从中获取非常高的利润。你可以去猪八戒网寻找有需求的用户，也可以在各个论坛上发布相关信息来吸引你的潜在

用户，只要你能提供这样的服务，在目前这个微信红利的时机吸引用户是不难的。这也是为什么要推荐大家学习相关技术的原因。除此之外，代运营也是一个不错的选择，但是你要有比较强的运营能力和成功经验，这里不再赘述。

第五章

微信公众账号的基本操作

本章内容主要针对基础比较薄弱的同学，比如如何注册公众平台，订阅号和服务号的区别是什么等基础问题的讲解。基础特别好的读者可以跳过这章，当然这里面也有很多有意思的细节，看一下也有收获！

5.1 个人微信号的注册与银行卡绑定

申请微信公众账号时需要有一个绑定银行卡的个人微信号，所以我们首先要注册一个个人微信号，并且绑定银行卡。

如何注册个人微信号呢？

1）下载微信 App 到手机，打开它，会看到如图 5-1 所示的界面：

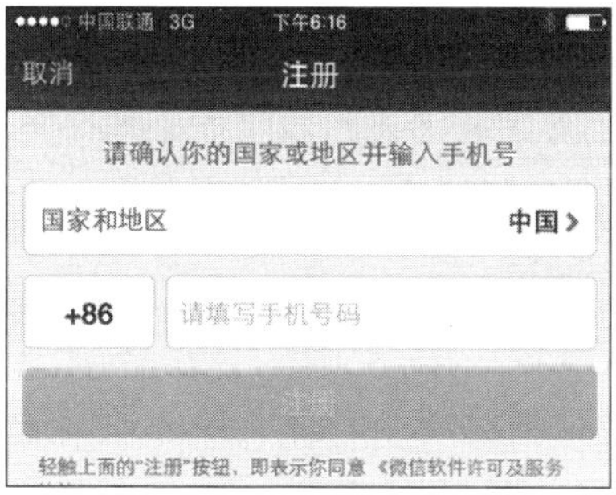

图 5-1　公共账号注册

2）输入手机号，点击注册，然后你会看到提示输入验证码，如图 5-2 所示。

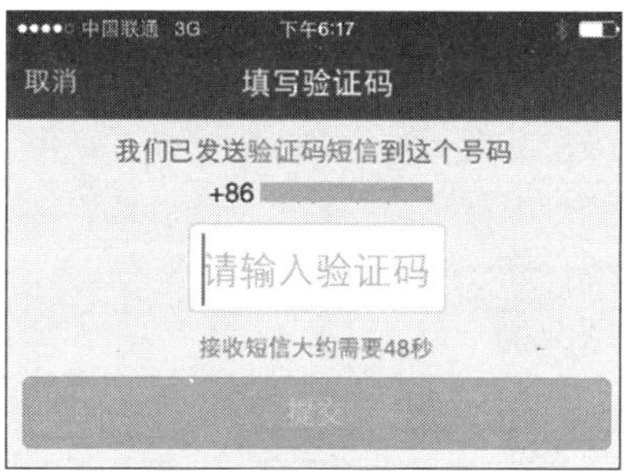

图 5-2　输入验证码

3）输入手机收到的验证码，然后点提交，就进入了填写昵称、设置头像的界面，如图 5-3 所示。

图 5-3　填写昵称

点击上面的照相机图标就可以上传照片了，这里要注意一个细节，如果你想做微电商，那么最好用本人照片或者品牌 Logo 做头像，这样可以传递信任感。很多时候微电商的第一批交易都产生在熟人之间，而对昵称头像的第一印象决定了他们潜意识里对你品牌的认知。昵称、头像设计好之后，一个个人微信号就注册成功了，接下来我们开始绑定行卡。

如何绑定银行卡?

1）登录微信号，点击"我"，进入"我"的界面，如图 5-4 所示。

图 5-4 "我"界面

2）点击"钱包"进入到"钱包"界面，如图 5-5 所示。

图 5-5 "钱包"界面

3）点击“钱包”，进入添加银行卡界面，如图 5-6 所示。

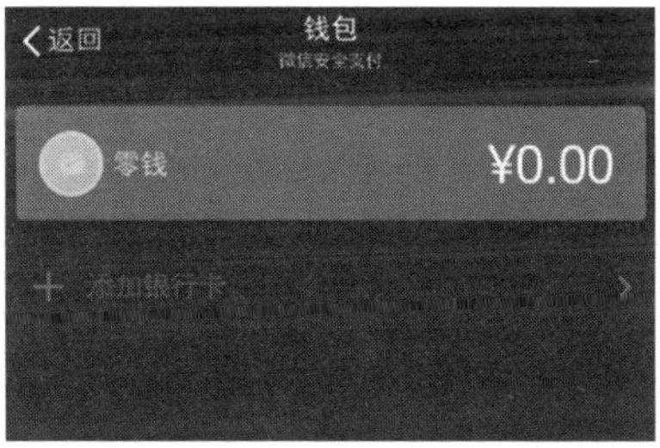

图 5-6 “银行卡”界面

4）点击“添加银行卡”，进入卡号填写界面，如图 5-7 所示。

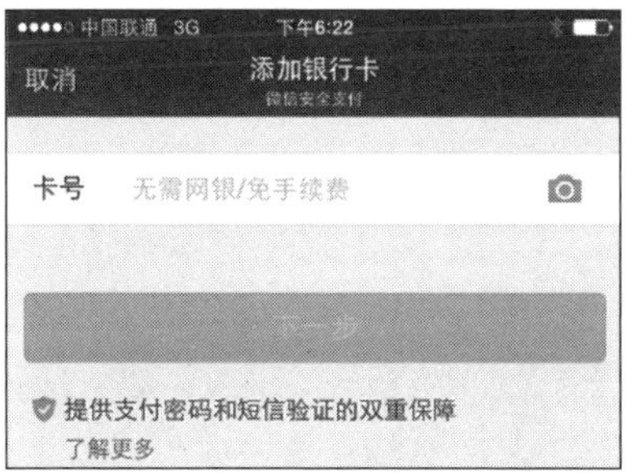

图 5-7 “添加银行卡”界面

5）输入你想绑定的银行卡卡号，大多数储蓄卡都可以进行绑定，部分信用卡可以进行绑定，不能绑定时会有提示，填好后点击“下一步”，进入银行卡信息填写界面，如图 5-8 所示。

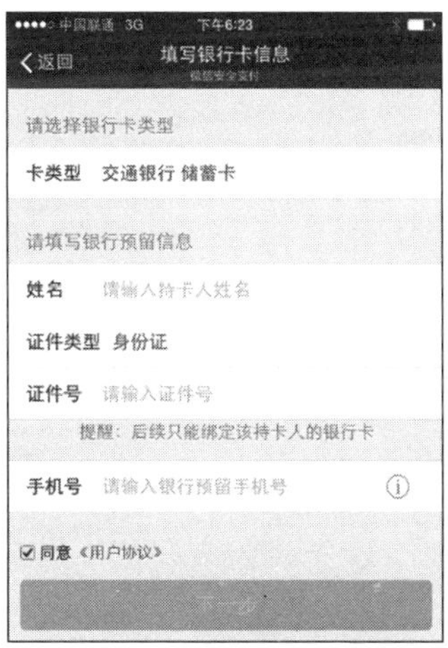

图 5-8 银行卡信息填写

6）仔细填写姓名、身份证、手机号等银行卡相关信息，然后点击下一步，进入手机验证界面，如图 5-9 所示。

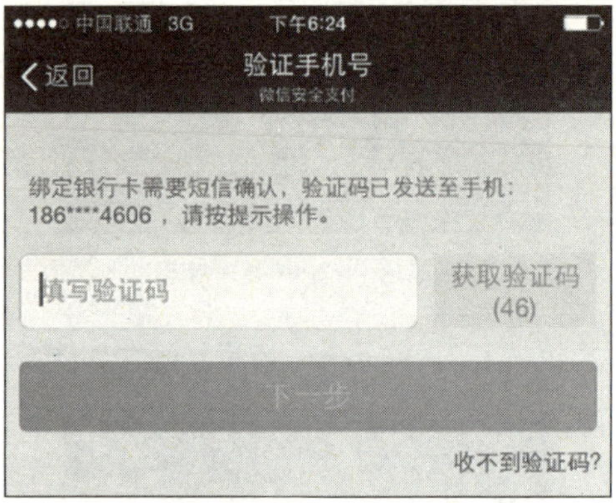

图 5-9　验证码填写

7）输入验证码，点击下一步，进入支付密码设置界面，如图 5-10 所示。

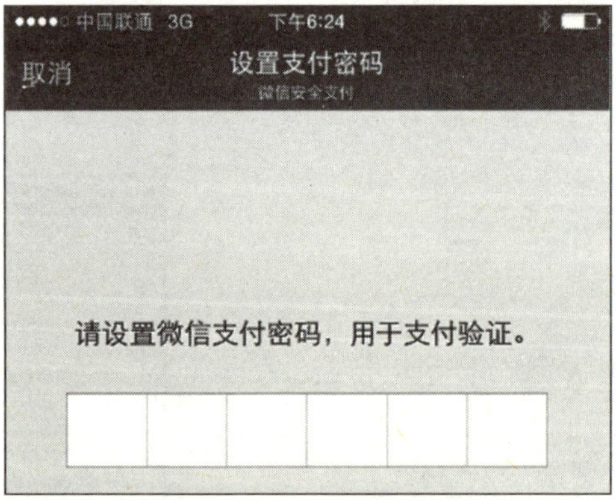

图 5-10　支付密码设置

8）设置 6 位数字的支付验证码，切记保管好这 6 位微信支付密码，之后很多和钱相关的操作都要用到它，设置好这一步之后就成功绑定了一张银行卡，如图 5-11 所示。

图 5-11　成功绑定银行卡

9）如果你想绑定多张银行卡，那么只需要重复上面的操作继续添加银行卡就可以了，现在我们已经注册好了一个绑定银行卡的微信号，接下来就可以进行微信公众平台的注册了。

5.2 微信公众账号的注册

微信公众平台是微信运营的核心平台，无论是个人还是企业，想用微信做营销时都需要精心耕作好微信公众账号，我们首先从微信公众账号的注册开始说起。

如何注册一个微信公众账号？

1）在百度上搜索“微信公众平台”关键词，或者直接打开微信公众平台网址：https://mp.weixin.qq.com/，如图 5-12 所示。

图 5-12　微信公共账号注册界面

2）点击立即注册，进入到基本信息填写界面，如图 5-13 所示。

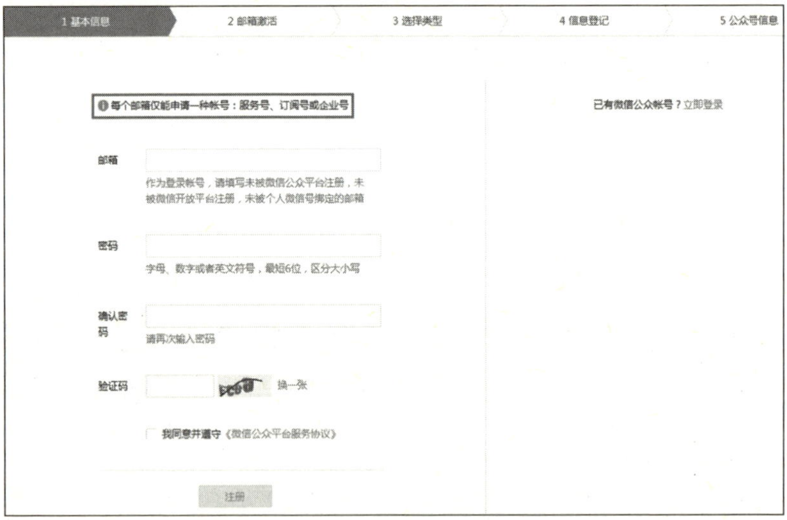

图 5-13　基本信息填写

3）填写注册邮箱、密码设置，这里一定要记住注册邮箱，如果不慎忘记了账号密码，还可以通过邮箱的方式来找回密码。另外每个邮箱只能注册一种类型的账号，要么选择服务号，要么选择订阅号，要么选择企业号，关于这三个号的区别下一小节会详细来说，基本信息填好后点击注册，进入邮箱激活界面，如图 5-14 所示。

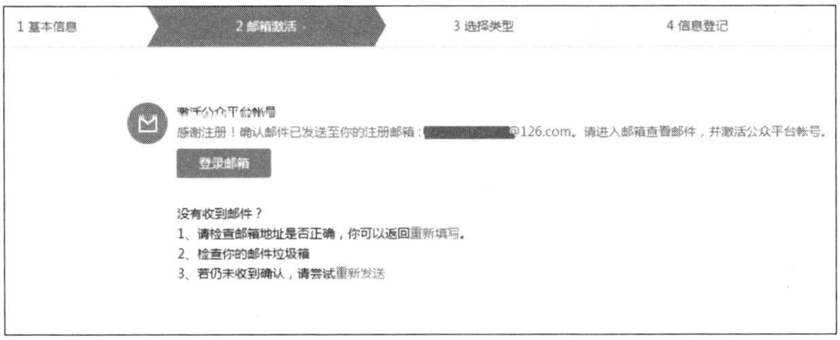

图 5-14 邮箱激活界面

4）登录邮箱，点击邮箱中收到的链接即可进行邮箱激活，邮箱激活之后进入账号类型的选择界面，如图 5-15 所示。

图 5-15 账号类型选择界面

5）选择你需要的账号类型：订阅号、服务号、企业号，这里假设你选择的是订阅号，点击它就进入用户信息登记界面，如图 5-16 所示。

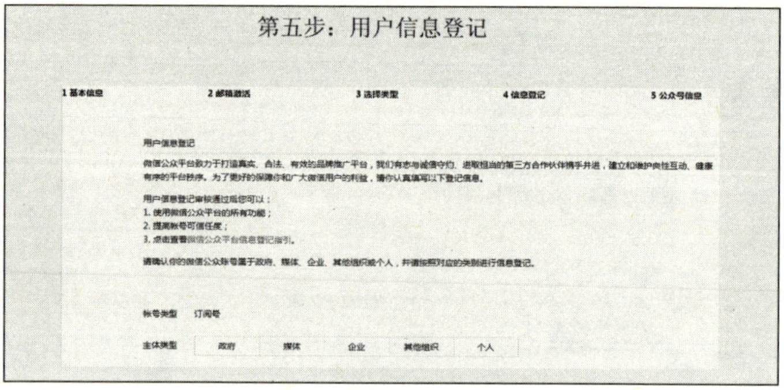

图 5-16　用户信息登记界面

6）选择主体类型，主体类型包括个人、企业和媒体，这里要注意，如果你已经注册了公众账号且选择的主体类型是个人，那么你是可以进行微信认证的。但是如果你现在再注册公众账号且选择的主体类型是个人的话，是不能进行微信认证的（当然也不是非要认证不可）。选择好主体类型之后（这里以个人主体类型为例）就进入了主体信息登记界面，如图 5-17 所示。

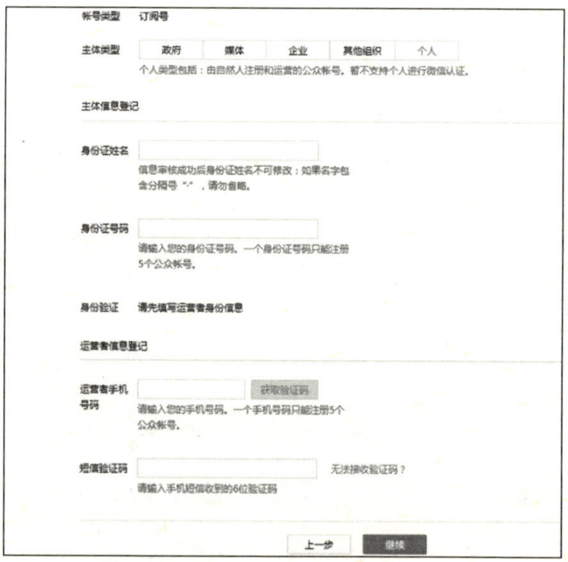

图 5-17　主体信息登记界面

7）认真填写姓名、身份证号码，然后会出现一个二维码让你进行身份验证，如图 5-18 所示。

图 5-18　身份验证

8）前面已经注册好了一个绑定银行卡的个人微信号，这时只要打开微信，用微信扫一扫来扫描二维码就可以进行身份验证了，然后填写运营者手机号、短信验证码，就进入了一个需要确认信息的界面，如图 5-19 所示。

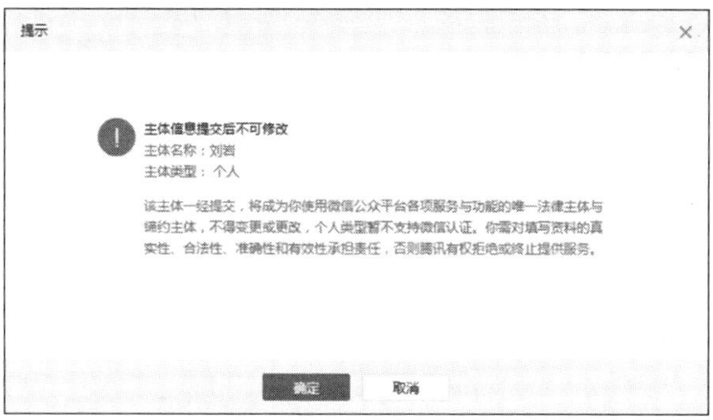

图 5-19　信息确认界面

9）点击确定就可以成功注册好一个属于你的微信公众平台啦！如图 5-20 所示。

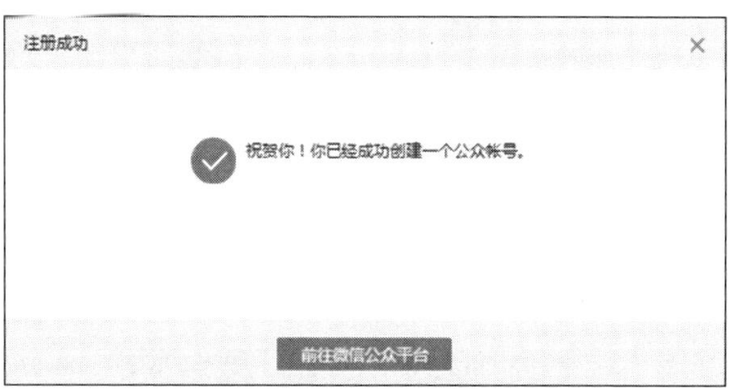

图 5-20　注册成功界面

对于微信公众账号注册这个环节很多同学有一些疑问，比如一个手机号能注册几个微信公众账号，一个身份证能绑定几个公众账号等，这里统一答复如下：1）一个邮箱能注册一个公众账号；2）一个手机号可以绑定5个微信公众账号；3）一个身份证可以绑定5个微信公众账号；4）微信昵称一旦确定，除了微信认证时可以修改外，其他时候不能更改。

5.3 订阅号、服务号、企业号的区别

订阅号、服务号、企业号的区别有以下几点。

1）群发消息：订阅号每天可以发一条，服务号每个月可以发四条，企业号则没有限制。

2）自定义菜单：三个号都有自定义菜单，但是没有申请微信认证的订阅号自定义菜单只能跳转到自己微信公众账号上的图文消息，经过微信认证的订阅号和其他号是可以跳转到任意链接。

3）微信认证：都能进行微信认证，但是都需要具备相应的条件。

4）微信支付：服务号可以申请，订阅号暂时没有微信支付。

5）基础信息接口：比如群发消息、自动回复等都有。

6）高级接口能力：服务号和企业号都有，订阅号没有，需要申请微信认证。

7）消息的展示位置：订阅号被展现在订阅号列表里面，服务号是显示

在会话中的。

再设想几个场景来帮助大家更好地理解三者的区别:

1）假设你想通过微信公众账号来做自媒体或者企业号，那么你需要经常给用户发各种文章之类的信息，频率可以每天一发，那么你需要申请的就是订阅号，因为订阅号每天可以发一次消息，而服务号每个月才可以发四条消息;

2）假设你希望目标用户通过你的微信账号来实现自助服务，比如优惠券的使用、查询交通路线、选择景区门票等，而不需要过多地主动互动，那么你需要申请的就是服务号！比如肯德基的服务号，用户用它的主要场景是去肯德基实体店时打开它用其优惠券，肯德基不需要每天和用户进行沟通，只需要每个月有什么促销活动或危机公关时群发一下消息即可，所以服务号最合适。

3）假设你希望员工或合作伙伴之间能更好地沟通、协作、管理，那么你需要申请的就是企业号！对一个企业来说，至少要有两个号，一个订阅号，一个服务号，对个人来说，一般只能选择订阅号。

5.4 公众账号的基本设置

申请完微信公众账号之后，我们需要进行一些基本的设置，这个小节就来说说需要设置哪些东西，如何设置。

1）首先打开微信公众平台登录网址 mp.weixin.qq.com，如图 5-21 所示。

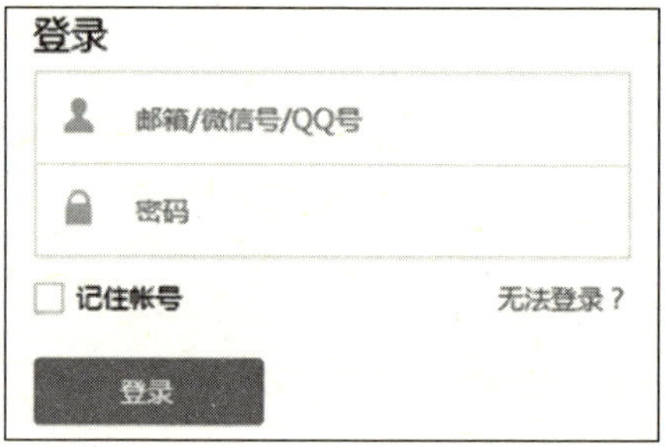

图 5-21 微信公众账号登录界面

2）输入微信账号和密码登录，然后点击你的公众账号名称进入基本信息设置页面，如图 5-22 所示。

图 5-22 基本信息设置页面

3）首先你需要设置头像，企业公众账号的头像一般都是代表企业文化的 Logo，但是可以在 Logo 的基础之上加一些活泼的元素，避免显得太过严肃；

如果是个人订阅号，一般会用自己的头像或者全身照，这里要注意的是，照片可以用自然随意一些的生活照，可以增加亲切感和亲和力。

二维码可以下载不同的尺寸，供大家在不同场合进行宣传推广，无论把二维码放在网站、名片、宣传单、海报还是墙上，都要进行测试，看看不同的手机是否都能成功地扫描关注，以免浪费宣传资源；

然后是名称，名称一旦设定好，除了在微信认证时有一次修改机会，是不能再做更改的，所以一定要想好之后再设置名称。

接下来要设置微信号，微信号的设置用最简单最容易记的全拼最好，比如我的公众账号叫刘岩频道，这个微信公众账号的微信号就设置成了全拼：liuyanpindao，大家千万别用什么首字母缩写或者带英文之类的创意，因为太过复杂的话，用户会觉得烦琐而懒得关注；

然后是类型，除了最早申请的那一批微信账号之外，类型选定之后也是不能更改的。选定类型之后开始设置介绍，介绍是传递价值的重要渠道之一，所以一定要字斟句酌。一般来讲介绍要能传递出品牌所提供的差异化价值，举例如下："100 位微电商运营经验的分享，在实战中学习如何做好微电商！"从这个介绍当中能看出它是有自身差异化定位的，关于微电商的文章铺天盖地，但真正一线做微电商做得好的人分享给大家的实战经验才最有价值——内容规划上可以先进行调查，看看目标用户最关心、最想进入的是哪几个行业。比如确定想做面膜之类的化妆品微电商，那么内容的定位就可以进一步规划，比如聚焦在 100 位化妆品电商的实战分享上。总之，内容的规划一定要有差异化的定位！

最后是认证情况，申请微信认证可以获得高级接口，所以建议大家尽量申请认证，关于如何申请微信认证，后面会有详细讲解。基本设置主要就是以上这些内容。

一些基础比较薄弱的同学会遇到一个困惑，就是明明告诉了别人自己的公众账号，别人在手机上却搜索不到，这主要是因为没有分清楚微信公众账号和微信号的区别，大家可以看下面的截图，如图 5-23 所示。

图 5-23　添加朋友界面

很多人搜公众账号时喜欢在最上面的"微信号 / 手机号 /QQ 号"输入框进行搜索，比如我的微信公众账号叫刘岩频道，如果对方在上面的搜索框里搜这个名字是搜不到的，上面的搜索框只能搜公众账号的微信号"liuyanpindao"才可以，如果要想搜公众账号的话，需要先点一下下面的"公众号"才可以输入进行搜索，这个小细节大家要注意一下。

5.5 如何一次性快速通过微信认证

微信认证的作用：

1）微信认证之后加黄 V，可以增加信任感和权威度；

2）用户在微信上进行相关关键词搜索时，微信认证的公众账号排名相对靠前；

3）可以获得高级的接口，用高级接口可以通过二次开发来实现很多功能、增加用户体验，比如自动获取用户信息、定位用户发送消息时的地理位置、客户高级接口功能等；

4）订阅号认证后可以获得带添加自定义跳转链接的自定义菜单。

微信认证的条件：

1）主体类型为个人的公众号暂时不支持微信认证及微博认证，当然如果你的公众账号是在腾讯推出这个政策之前申请的，那么你依旧可以申请微信认证。验证是否有认证资格，可以登录微信公众账号，点微信认证后看右侧的提示，根据提示就可以知道你是否有申请微信认证的资格，如图 5-24 所示。

图 5-24　微信认证资格提示

2）其他情况下能否进行微信认证以及认证后的特权等信息请看下面的

截图，如图 5-25 所示。

<table>
<tr><th colspan="5">公众平台认证相关问题</th></tr>
<tr><th rowspan="2">帐号类型</th><th rowspan="2">认证类型</th><th colspan="2">微信认证</th><th></th></tr>
<tr><th>微信认证</th><th>微信认证费用</th><th>微信认证后特权</th></tr>
<tr><td rowspan="9">订阅号</td><td>个人</td><td>\</td><td>\</td><td>\</td></tr>
<tr><td>企业</td><td rowspan="6">支持</td><td rowspan="6">300元/次</td><td rowspan="8">1、自定义菜单
2、部分高级功能接口
3、公众号头像、及详细资料中会显示“V”</td></tr>
<tr><td>网店商家</td></tr>
<tr><td>媒体</td></tr>
<tr><td>艺人（暂不支持）</td></tr>
<tr><td>其他组织</td></tr>
<tr><td>事业单位</td></tr>
<tr><td>政府</td><td rowspan="2">支持</td><td rowspan="2">免费</td></tr>
<tr><td>其他组织-免费类型：基金会、国外政府机构驻华代表处</td></tr>
<tr><td rowspan="8">服务号</td><td>企业</td><td rowspan="6">支持</td><td rowspan="6">300元/次</td><td rowspan="8">1、自定义菜单
2、高级接口
3、公众号头像、及详细资料中会显示“V”</td></tr>
<tr><td>网店商家</td></tr>
<tr><td>媒体</td></tr>
<tr><td>其他组织</td></tr>
<tr><td>艺人（暂不支持）</td></tr>
<tr><td>事业单位</td></tr>
<tr><td>政府</td><td rowspan="2">支持</td><td rowspan="2">免费</td></tr>
<tr><td>其他组织-免费类型：基金会、国外政府机构驻华代表处</td></tr>
</table>

图 5-25　公众平台认证相关问题

3）认证过程中，常常有同学出现这样的问题：昵称不符合要求，但是又不想改昵称，应该怎么办？此时可以申请资质认证，比如我的公众账号叫刘岩频道，昵称原则上是不能用这种人名的，容易侵权，但是我又不想改，这个时候我就可以申请资质认证，如何申请资质认证呢？其实就是按照正常的微信认证流程进行，只是审核人员给你打电话通知你昵称不符合要求时，你跟对方说通过你的资质认证就可以了。因为资质认证具备的功能和微信认证差不多，只是没有黄 V 标志，没有智能设备连接的接口，但是微信认证具备的自定义菜单和多客服等接口资质认证都具备，且都可以进行二次开发，所以根据你的需求看看是否要通过这样的方案来解决昵称问题。

申请微信认证的详细流程：

第一步，登录微信公众平台，点击左下方的“微信认证”，然后点击右侧“开通”，进入身份验证界面；

第二步，通过手机号来进行身份验证，输入你收到的验证码然后点“提交”，进入签署协议界面；

第二步，勾选同意，然后点下一步，进入“填写类型和相关资料”界面，如下图所示，如图 5-26 所示；

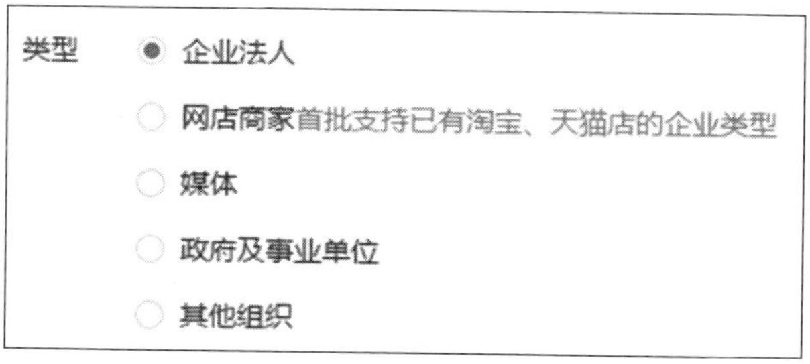

图 5-26　认证类型的选择

第四步，根据你的实际情况看看选择哪种类型，不同的类型需要准备不同的材料：如果是企业类型，你需要准备《组织机构代码证》和《企业工商营业执照》；如果你选择的是网店商家，需要准备《组织机构代码证》和《企业工商营业执照》以及网店店铺管理后台截屏；如果你选择的是媒体类型，你需要准备《组织机构代码证》和《企业工商营业执照》或《事业单位法人证书》；选择广播电视应上传《广播电视播出机构许可证》或《广播电视频道许可证》；报纸需上传《中华人民共和国报纸出版许可证》；期刊杂志需有《中华人民共和国期刊出版许可证》；网络媒体需要提供《互联网新闻信息服务许可证》或《信息网络传播视听节目许可证》。如果选择的是政府及事业单位的话，那么你需要准备《组织机构代码证》。

填写类型和相关资料的注意事项：

1）企业全称、组织机构代码、工商执照注册号、法定代表人、经营范围、企业开户名称、企业开户银行、企业银行账户这些要填写的信息必须和你的《组织机构代码证》及《企业工商营业执照》上对应的信息完全一致！

2）要填写的认证者手机号一定要在接下来的一周内保持畅通状态！

3）认证者的身份证一定要是彩色的，且要够清晰！

4）需要上传的组织机构代码证、工商执照清晰复印后盖上公章，然后扫描成 jpg 或 jpeg 格式的图片！

5）申请认证的公函，下载完毕后认真填写，别忘记加盖公章！

6）其他证明材料不用必须写。

第五步，命名，如图 5-27 所示。

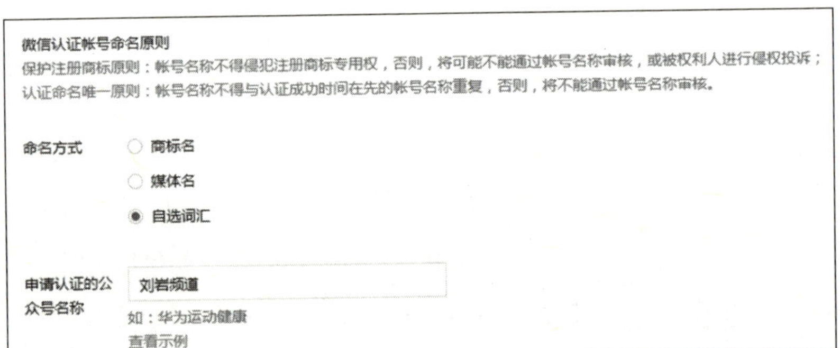

图 5-27　命名规则

根据自身情况选择命名方式，如果你选择的是商标名，那么你还需要上传《商标注册证》和《商标授权文件》，如果你选择的是媒体名，那么你还需要上传《媒体资质许可文件》，如果你选择了自选词汇，则不能出现人名、品牌名等词汇（自身品牌除外）；

第六步，填写发票信息并转账，到了这一步会提示你给对方付一次年审核费用 300 元，这笔费用每年都要付一次。如果第一次没有通过，再次重新开通微信认证时还需要交 300 元的审核费用，打款时尽量用公司账号给对方汇款，这样可以大大加快审核速度；

第七步，进入审核阶段！两天左右的时间就会有审核人员给你打电话进行相应的信息核实，如果有问题，他们会告诉你哪里有问题，如何修改；

第八步，微信申请成功或失败，如果失败尽量通过资质审核，这样可以拥有和微信认证成功后几乎一样的功能，也可以进行添加功能组件和设置开发相应的功能。

5.6 添加卡券、多客服等功能插件

首先看一下有哪些功能插件，如图 5-28 所示。

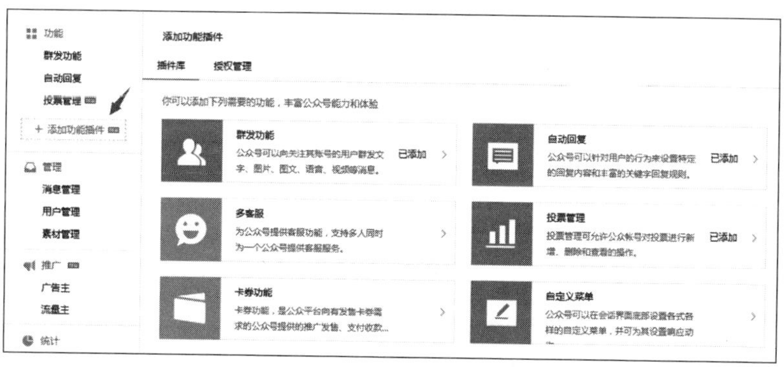

图 5-28　功能插件界面

目前我们能看到的有六款插件，群发功能、自动回复、多客服、投票管理、卡券功能、自定义菜单，当然之后还会有Wi-Fi等功能插件，在我们公众账号的左侧功能区有三款默认的插件——群发功能、自动回复、投票管理，剩下的插件可以通过点击来进行添加，添加之后就能在功能区看到这些功能插件，方便你直接点击应用。它们各自的作用分别如下。

群发功能：向关注你公众账号的粉丝群发文字、图片、语音、视频等消息。

自动回复：设置特定的回复内容和关键字回复内容。

投票管理：可以进行设置投票调查的工具，并且可以对投票调查的数据进行管理。

卡券功能：一般适合服务行业，比如餐饮行业有发放会员卡的需求，通过会员卡进行会员管理，达成用户二次消费的目的。

多客服：一个公众账号有多个客服同时服务，可以更及时、更好地体验客户服务。

5.7 群发功能的使用

公众平台的群发功能可以向关注你的用户发送文字、语音、图片、视频、图文消息，你可以对自己的用户进行分组管理，然后按照不同对象、不同性别、不同地域来有针对性地发送，订阅号可以每天发送一条信息，服务号可以每月发四条信息，发送的信息类型一般以单图文和多图文信息为主。

5.8 自动回复功能的使用

自动回复功能包括三个部分：被添加自动回复、消息自动回复和关键词自动回复。

被添加自动回复是指陌生用户关注你的微信公众账号时能看到的消息，可以是文字、图片、声音、视频、表情等内容，一般可以选择文字、文字加表情或文字加链接的组合方式来进行设置；这里的重点是：被添加自动回复的内容既要简单明了地告诉用户你的公众账号能提供什么价值，又要和用户互动！比如大家关注我的公众账号“刘岩频道”时，就会发现如图 5-29 所示的回复。

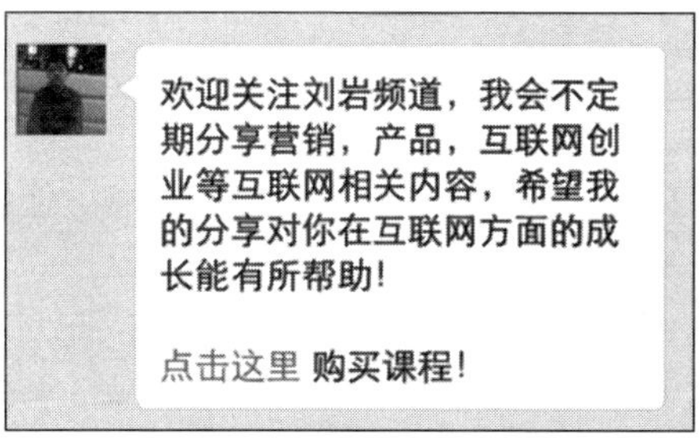

图 5-29　刘岩频道公众账号

当你“点击这里”时就会跳转到我的课程销售页，这个是做微信营销转化系统中很重要的一环，实际也是一次互动，或者让用户只要回复某些关键词、数字就给他看一些相应的东西，千万不要只是干巴巴的文字之后就没有下文了，这样很容易导致用户看完之后就再也不来了。那么这里的链接如何添加上去呢？只要在想被点击跳转的文字前加上 <a href=” www.xxx.com” >(××× 即为跳转文字全拼)，文字后加上 </a> 即可，比如你想让用户点击“去百度”这个关键词而跳转到百度首页，那么设置文字时就可以设置成：<a href=” http://www.baidu.com” > 去百度 </a>。

消息自动回复功能是指用户给你发一些东西时你会自动回复给他们什么，比如你设置的自动回复功能是：嗯，收到了，谢谢你的反馈，晚上 9 点到 11 点之间会给你回复哦！那么关注你的粉丝给你发任何东西都会收到这样的回复。

关键词自动回复是非常好的用户互动功能，比如你运营的是一个美容的微信公众账号，那么你可能设置青春痘、痤疮、祛斑、皮肤保养、油性皮肤、干性皮肤等各个不同类型的和皮肤相关的关键词组，用户回复相应关键词时你会自动给他们回复相应的内容，关键词设置时有一个“已全匹配”和“未全匹配”，这是什么意思呢？比如你设置的是“皮肤保养”这个关键词，如果是未全匹配的话，那么用户向你的公众账号发“皮肤保养的方法”这个关键词时也会自动收到你设置好的消息，但如果是已全匹配的话就收不到。

5.9 自定义菜单的设置和使用

自定义菜单是内容规划定位与转化系统建立极其重要的一环，每个账号最多可以创建 3 个一级菜单，每个一级菜单下最多可创建 5 个二级菜单。

假设刘岩频道自定义菜单的规划为：1）微官网——跳转到官方网站链接 www.ukejisong.com；2）课程购买——跳转到销售页购买链接 http://www.ukejisong.com/course/21；3）精华内容——精华内容包含微信营销、微网站搭建和微信开发 3 个子栏目内容，这些都可以通过自定义菜单来实现：

第一步，登录微信公众平台，点击加号“+”后，在输入提示框输入“微官网”这个关键词，如图 5-30 和 5-31 所示。

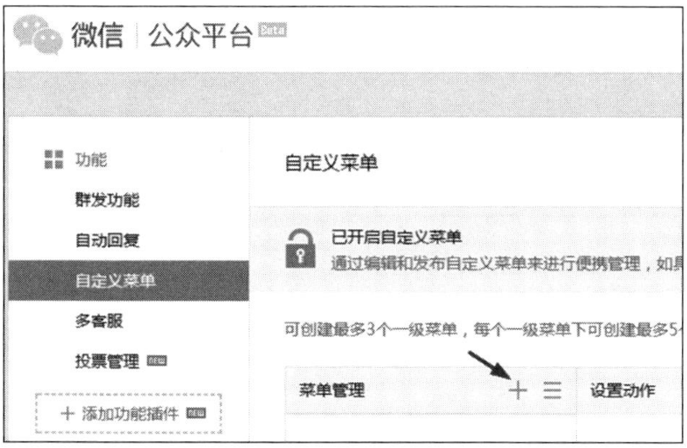

图 5-30　自定义菜单设置

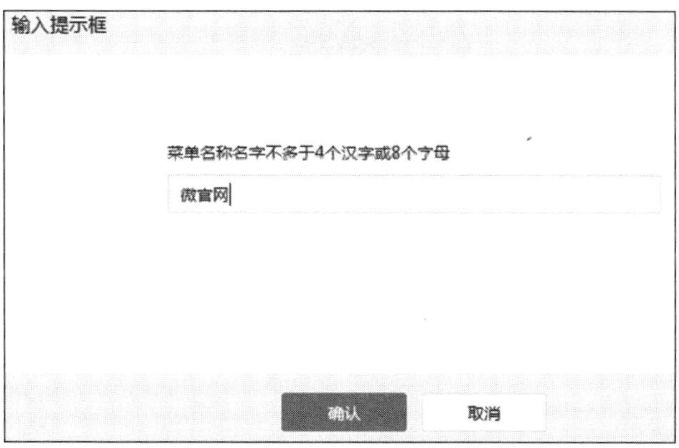

图 5-31　提示框菜单名称

第二步，点击"微官网"对话框右侧的"跳转到网页"，在"页面地址"中输入"www.ukejisong.com"，并用同样的方法把"课程购买"和"精华内容"两个自定义菜单标签添加上，如图 5-32 和 5-33 所示。

图 5-32　设置动作

图 5-33　设置跳转链接

第三步，点击"精华内容"的加号"+"，开始为精华内容添加子菜单，子菜单的名称不能多于 8 个汉字或 16 个字母，如图 5-34 和 5-35 以及 5-36 所示。

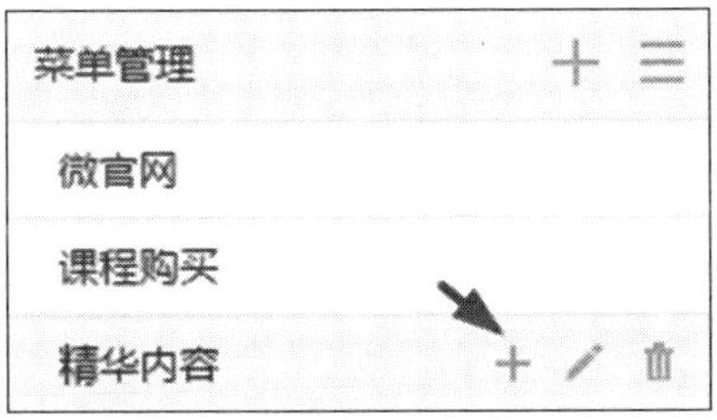

图 5-34　添加精华内容

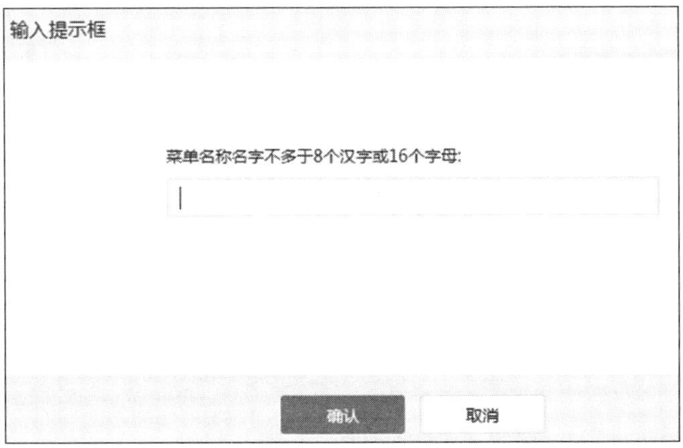

图 5-35　输入菜单名称

图 5-36　编辑精华内容

第四步，依次点击“微信营销”“微网站搭建”“微信开发”三个子菜单，然后点击右侧的“发送信息”，如图 5-37 所示，为它们设置点击后的信息回复，设置好之后就可以进行发布，一般都会实时发布成功！如图 5-38 所示。

图 5-37　发送信息

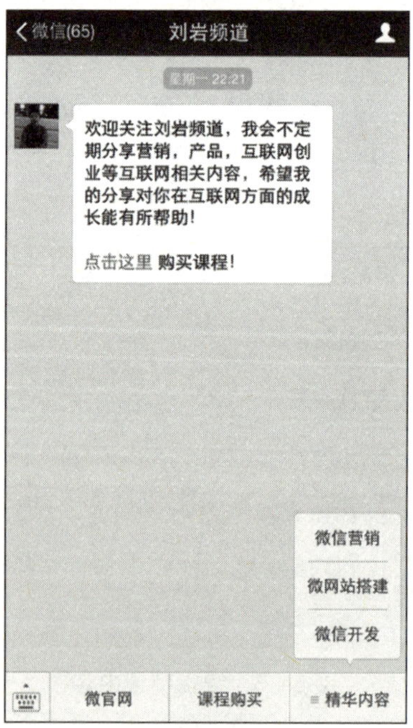

图 5-38　实时发布信息

5.10 投票管理的设置和使用

投票管理是用户调查和需求获取的重要方法之一，如果你是一个皮肤相关的微信公众账号运营者，那么你可以通过投票管理来得知你的粉丝遇到最多和最想解决的有哪些问题，是青春痘的治疗、祛斑还是保养或者其他。这样你内容的布局将会更加有针对性，甚至你可以据此对粉丝进行用户分组管理，那么该如何添加投票管理呢？如图 5-39 所示。

第一步，点击“投票管理”，然后点击“新建投票”。

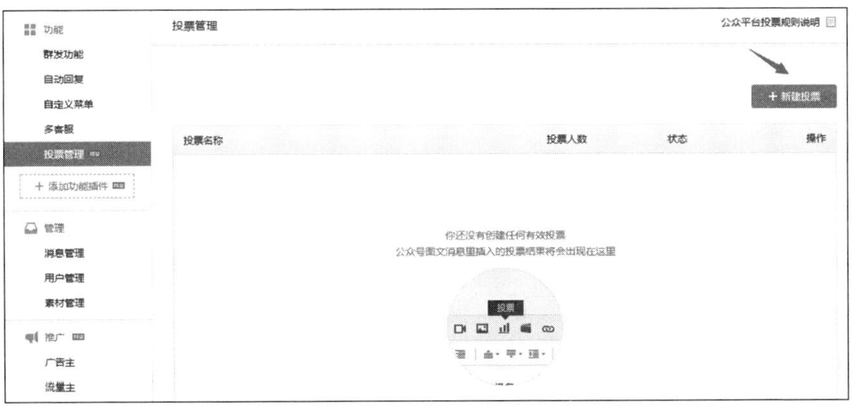

图 5-39　新建投票功能

第二步，设置你的问题和选项，比如我想调查很多人学习微信营销的目的是什么，那么就可以进行相应的设置，当然你也可以通过点击“添加问题”来设置多个问题，如图 5-40 所示。

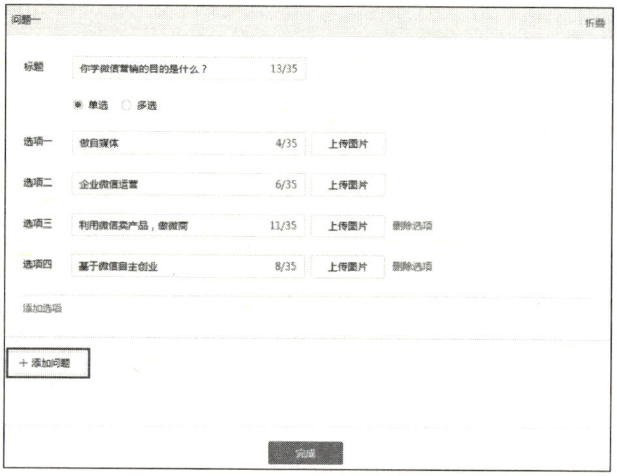

图 5-40　设置多个问题

第三步，点击完成，一个投票管理就设置好了，然后点击“素材管理”中的加号“+”来创建单图文或多图文信息，在创建时点击“投票”图标，就可以把投票插入到单图文或多图文信息中，然后通过群发信息就可以触及你的目标用户了，如图 5-41 和图 5-42 所示。

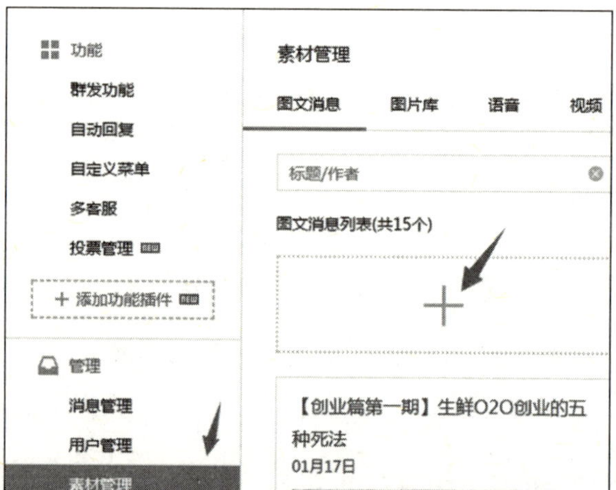

图 5-41　图文中插入投票功能

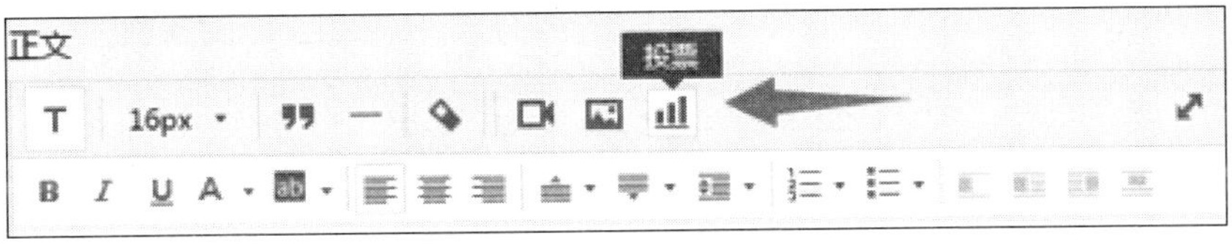

图 5-42　投票设置

5.11 不同行业公众账号的设置

本节我们看看不同行业的公众账号是如何进行设置的，通过这些设置也可以发现它们的一些运营重点和策略规划。

首先我们来看看某些房地产行业公众账号的设置，房地产行业流行这样一句话：来不来看环境，买不买看户型，定不定看价格。作为一个行为驱动会有三方面的影响因素：1）环境因素是看房驱动；2）户型是体验感受好坏的影响因素；3）价格是购买的驱动因素。所以房地产行业微信公众账号的设置结构一般是：微网站—咨询客服—实景—促销优惠。

比如万科翡丽的公众账号设置，我们看到它们的三版自定义菜单有楼盘概览、楼盘相册和购房活动，楼盘概览里有楼盘详情、最新动态和楼盘特色，楼盘相册里有楼盘实景，这些解决的都是环境需求。楼盘相册里的户型图解决的是线下看房的流程，假如用户对某一个户型很感兴趣，可能就会预约看房，这一步就是购房活动中的预约看房，通过预约从线上导流到线下。团购报名实际上是一个优惠策略，而房贷计算器是一个功能定位。这个公众账号在整体设计上都是围绕目标用户的需求点来设计的，有了这样的设计，内容补充完整之后接下来就可以进行运营层面的设计了，如图 5-43 所示。

图 5-43　万科裴丽郡

下面再来看看金融行业类微信公众账号的基本设置，金融行业的微信运营除了股评、楼市评论等自媒体之外，基本上都是做自助服务的，如图 5-44 所示。

比如中国平安和交通银行信用卡，中国平安可以通过其微信账号来查询车险、贷款等。而登录交通银行信用卡的公众账号即可查看账单、额度、积分、网上支付、分期等，实际上就是在服务老客户。对金融行业来讲，主要是做老客户的服务形成口碑营销。有了很多老客户之后就可以做一些活动，比如老客户推荐 3 个新客户开通信用卡就有机会获得一台价值 1600 元的净水器。这就是一种老客户转介绍的促销方案。过去交行想实行老客户转介绍的促销方案可能要通过手机短信等其他形式，实际上沟通成本是很大的，而通过微信账号实现这一功能则会节省很多费用。

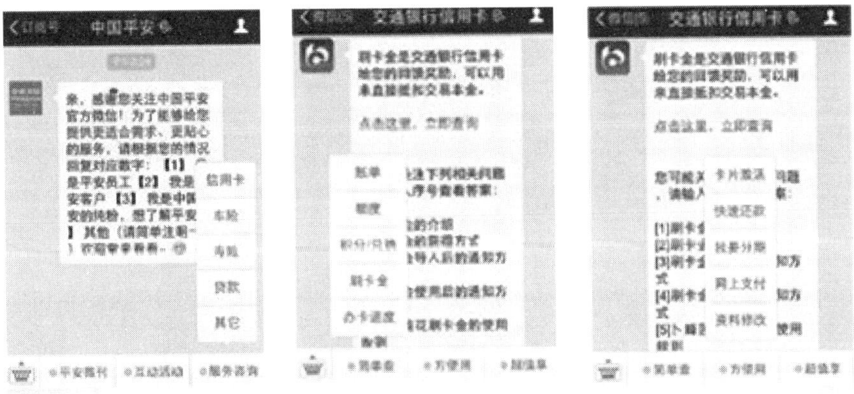

图 5-44　中国平安、交通银行信用卡微信号

医疗行业微信公众账号的基本设置有很多不同的角度，像药房网的微信账号是做买药服务的，此外还有专门针对挂号的医疗微信公众账号等。个人医院和中小医院都面临几个问题：1）客源，很多医院通过百度竞价来找客源；2）公众形象问题，比如很多在百度上竞价找客源的医院会被人认为是骗子，这个行业也的确非常泛滥，比如很多减肥药真假共存，信任度相比公立医院较低；3）难以形成口碑营销。但这些问题有了微信营销之后就不一样了。微信对医院来说是维系老客户、构建良好形象的一个很好的方式。

来看一下北京 466 医院微信公众账号的基本设置，如图 5-45 所示。这个公众账号做得还挺贴心的，我们来看导航栏的设计，医院概况中有医院介绍和来院路线，患者无需百度地图等来查询路线；咨询预约是线上到线下转化的中间流程，包括在线电话、在线挂号、在线咨询等，这个实现其实很简单，病人描述病情之后，客服可以截图转发到相关医生的微信号上，医生用微信语音回答后再回复给用户即可。在线咨询功能让很多用户开始愿意关注这样的公众账号来进行询问，询问之后可能就转化到线下而成为医院真实的用户。关于生活咨询，他们做了头条新闻、健康自测、天气预报、生活百事通、公交地铁查询等功能定位，他们还总结了很多跟健康有关的内容来做长期跟用户沟通的服务。

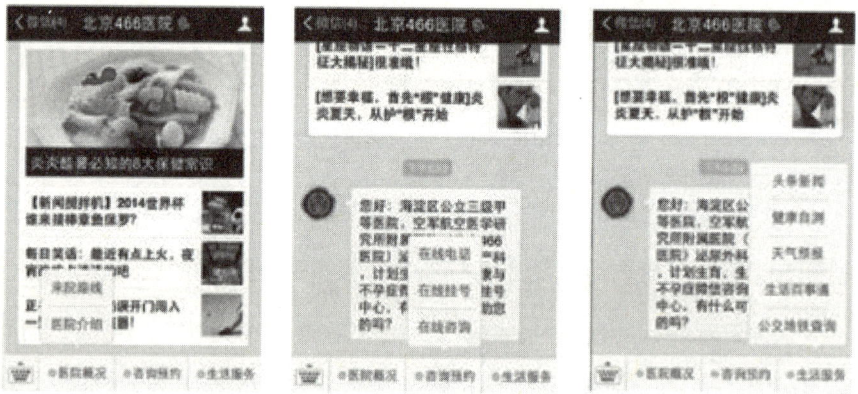

图 5-45　北京 466 医院微信公众号

一般来说医院类型的微信公众账号都是从 6 个方面进行基本设置和运营的：1）定位；2）建立强大的内容库（饮食禁忌、疾病预防、常见病症的自我调理等）；3）公众账号的推广；4）公益活动树立形象；5）通过咨询建立信任；6）预约功能，实现转化。

接下来我们看看旅游行业公众账号的设置，如图 5-46 所示。旅游行业切入的角度特别庞杂，有做旅行社的，也有做渠道、国内游、特色游的，如果是创业不建议大家选择这个行业，这是个竞争极其激烈且前期需要烧钱的行业，没有资本的注入和强大的团队支撑，尽量别介入这个行业。

图 5-46　北京青年旅行社微信号

看旅行社等机构的微信公众账号最先看它的导航栏，如图 5-47 所示。往往从导航栏即可判断它的运营思路是怎样的：把特惠专场放在第一个导航栏，说明很多人在关注最近的小旅游有没有优惠价，这里有本月推荐和特价推荐；实用工具中有一个天气查询，这是很多旅行社最关注的一个功能，天气对出游影响是比较大的；加入会员是会员管理机制，微信是做服务的，无论哪个行业都应该把会员管理机制建立起来，这对于重复购买率非常重要；功能定位是针对不同行业来添加功能。我们再来看看同程网公众账号的设置，同程网把预定放在第一个导航栏，说明对同程网的用户来说，功能定位才是第一位的，预定的服务才是最重要的；第二个是当季热门，实际上这也是一种折扣优惠，个人中心实际上便是会员管理的机制。

图 5-47　同程网微信公众号

下面看一下“骑行西藏”这个公众账号，如图 5-48 所示。“骑行西藏”实际上是一个自媒体，它通过主页来分享好玩的图文消息、图文讲解，通过杂货铺链接到他的微店实现转化。出游助手为他的潜在用户实现了一个结伴同行的功能，同时为一些机构做导流的同时实现转化。

图 5-48　骑行西藏微信公众号

通过几个旅游类公众账号的基本设置可以发现，对旅行社来说公众账号的设置更多是偏向优惠套餐的推荐，往往都是跟团游；对于做旅游渠道的公众账号来说，更多的则侧重于预定方面，比如相关酒店、机票等预订功能，对于自媒体来说，要有非常的亲身体验经历，才能做出深入且与众不同的内容。

接下来，我们再来看看酒店行业，如图 5-49 所示。酒店行业微信公众账号的设置主要解决两方面的需求：1）取代传统会员卡，利用微信会员卡绑定用户，通过积分等优惠方式不断提升重复购买率；2）方便快捷的查询、预定酒店功能。做得比较好的有速 8 酒店。

图 5-49　速 8 酒店微信公众号

速 8 酒店是全球经济型连锁酒店之一，早期酒店分为两种，一种是比较高端的，体验很好，但是价格偏贵；一种是价格低廉的小旅馆式酒店。之后又出现了经济型酒店，并重新进行了定位。当然不同的经济型酒店也有一些具体的差异化营销策略：

比如 7 天酒店，他们认为住酒店的人一般只有两个基本要求，一是能睡个好觉，二是能冲个热水澡，所以他们着重在睡觉体验和冲澡体验上，早餐、上网之类的服务功能可能没有。也有一些经济型酒店会认为客人会有三方面的需求，睡觉、洗澡、上网。但它们有一个共通性就是性价比，既不高端也不低廉。速8要求客户绑定手机号，激活之后就会成为速8的网络会员，开通之后首次优惠是九五折，那通过什么方式来增加重复购买呢？通过夜间点数，什么叫夜间点数呢？我们来看其微信公众账号的导航栏，“我的速8”的“夜间点数”规则是微信预定之后每入住1晚就会获得1个夜间点数，3个晚上之后即可申请为贵宾会员享受八八折优惠。为了成为贵宾，会员入住1次速8之后可能会多增加两次购买。重复购买对酒店行业非常重要，所以建议酒店对首次购买的优惠力度加大一点，这样即可以通过重复购买把前面亏损的钱赚回来，又可以前期快速占领市场，要知道培养用户的消费习惯更加重要。

餐饮行业也是一个值得参考的行业，餐饮行业的微信公众账号一般以服务为主，提供自助订餐、优惠券、会员管理等服务。

我们先看看麦当劳微信公众账号的设置，如图5-50所示。麦当劳微信公众账号的设置分为三栏，优惠券、卖卖趣闻和好在一起。点击优惠券发现它分为二级导航，一个是新品优惠，一个是经典超值；点击新品优惠之后会看到很多新品套餐，随便点击一个如麦辣鸡翅、薯条中、朱古力套餐价值19元，那怎么使用优惠券呢，很简单，把这个界面展示给店员就可以使用。相信很多喜欢麦当劳的朋友会因为这个优惠券而关注麦当劳的微信公众账号。之前肯德基或麦当劳有纸质的优惠券，我们撕下来就可以去购买，现在有了微信之后电子优惠券可以完全取代纸质优惠券，是一个很好的工具属性。此外，它还有一个导航是卖卖趣闻，这个导航会做一些比较有意思的内容，比如麦当劳薯条的N种吃法。近期麦当劳做的活动是好在一起，关注之后会有一个非常好的视觉体验，还有行为路径。包括你点击Start，就会呈现一个翻书的效果，点完之后就可以看到我第一次来吃麦当劳的时间，在这儿找到了最喜欢吃的什么东西。主题就是帮你记录在麦当劳的时光，选完之后点击next就会出现一个提示你选择照片进行上传的界面，还会提供一个很精美的排版，然后提示你分享到朋友圈。

图 5-50　麦当劳公众账号

上面是麦当劳公众账号的基本设置，接下来我们再看看百健餐饮公众账号的设置。

百健餐饮微信公众账号的侧重点是智能点餐，如图 5-51 所示。它将线下的消费和线上的互动结合成一体，通过全部菜品导航就可以直接点菜，还设置了智能点餐功能，用户只需输入就餐人数，百健餐饮就会自动为你配菜，之后你可以在“我的菜单”中查看，如果不满意菜品还可以手动加菜或减菜。除此之外还有预定餐饮的功能，通过微信预定就餐席位，他们有很多加盟店，会根据你的地理位置来预定相应的餐饮和门店，而且你还可以通过微信看到门店的地理位置、电话号码、实景图等。假如你开车去不知道怎么走，他们还会提供导航。从你打算吃饭到门店消费，这个微信公众账号为你解决过程中的所有问题。除此之外还有会员卡，是跟手机号绑定的，到店里消费之后只需报上手机号码即可，而且享受特权，这就是关注公众账号的好处。申请会员卡只需填写信息后绑定手机号，即可看到会员特权。基于这些优惠，很多人关注之后就会成为这家餐饮店的准客户，微信营销包括促销活动即可随时展开。

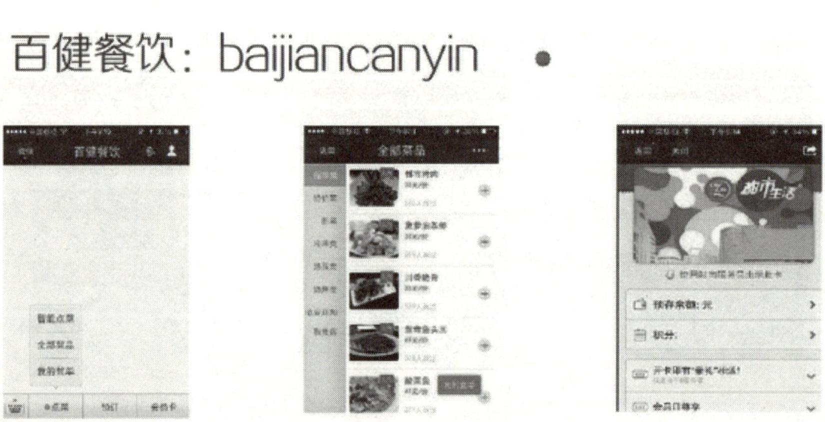

图 5-51　百健餐饮智能点餐公众号

海底捞是以经营川味火锅为主同时融汇各地火锅为一体的连锁餐饮企业，他们最出名的便是服务，餐饮企业最重要的不是学海底捞的服务，而是学他们怎么把“海底捞这三个字就等于优质服务”这个概念让全中国的人都知道，这里的营销策略有很重要的意义。真正的营销战场在哪里？在用户的脑袋里。海底捞的微信公众账号就是抓住这一点进行了设置。

海底捞有三个公众账号，海底捞、海底捞火锅、海底捞调味料，我们说一个企业至少要有两个公众账号：订阅号和服务号，根据不同业务的需求构建出不同的微信公众账号矩阵，海底捞则主要经营这三个公众账号：一个叫海底捞，关注它之后它会自动回复你一个信息，你回复 1 它会自动推送一个单图文信息即海底捞“hi 捞送”外送服务到家给你，回复“菜单”它会推荐给你 ABCD 套餐的种类，这些都是“海底捞”微信公众账号提供的服务，如图 5-52 所示。

图 5-52　海底捞订阅号

另一个公众账号是“海底捞火锅”，如图 5-53 所示。这是一个服务号，它的三级菜单就是看、吃、玩，点击“看”，有 5 个二级菜单，包括 hi 家族简介、美味菜单、新闻中心、hi 门店、诚聘英才，同时把招聘放在微信中，是其基于整个用户群扩展延伸的一个服务。点击“吃”，可以通过微信直接订餐—预定座位、外送—送餐上门，商城—选购底料。点击“玩”会发现有 hi 活动、hi 农场、个人中心、在线帮助、维权等，它最近在做的一个活动是公益慰问的活动，实际是做品牌活动用的，为了跟目标用户直接进行接触。过去海底捞做一个活动想让目标用户知道是非常难的，因为不可能在就餐的地方跟每个顾客说我们最近在做什么样的活动。现在就轻而易举了，因为你的目标用户都在关注你的微信公众账号，做活动时只要推送信息就可以。这就是一个品牌公关。

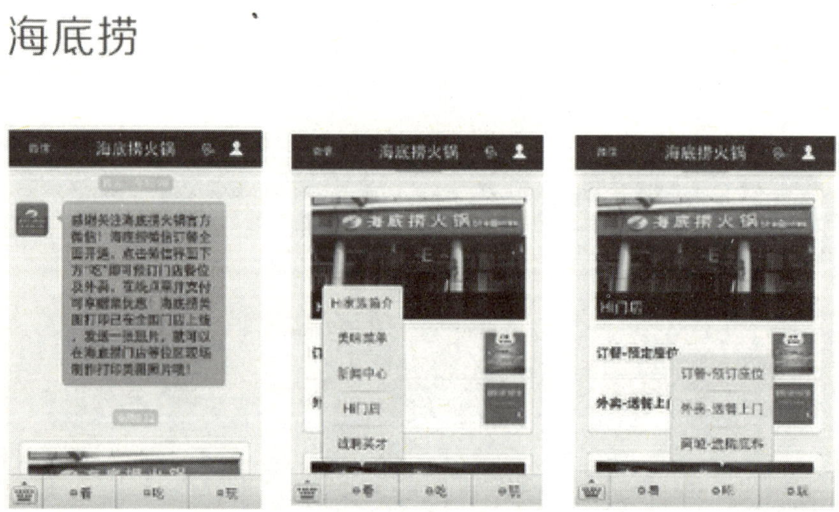

图 5-53　海底捞服务号

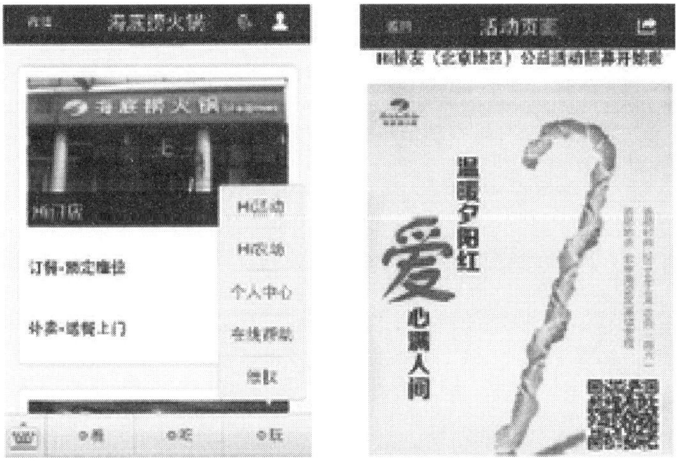

图 5-54　海底捞调味料公众号

我们再来看海底捞调味料这个公众账号的设置（图 5-54），关注这个公众账号之后它会推送给你一些与“海底捞调味料”相关的知识点，他们还开发了一款游戏叫“捞酸菜的鱼”，这个游戏实际上是介绍各种火锅底料的游戏，跟公众账号的定位还是很符合的，但其定位覆盖的人群相对比较狭窄，单独把它做为一个公众账号或多或少有些鸡肋。

最后看一下手机行业微信公众账号的设置，如图 5-55 所示。以小米为例，小米微信公众账号矩阵的划分是根据业务来进行的，包括小米手机公众账号、小米盒子公众账号、小米招聘公众账号，还有小米路由、小米电视，根据不同的子产品设置不同的公众账号来进行单独的运营。很多企业也是根据自己的业务群组、不同的产品设置公众账号来单独运营。这样的好处是每个子产品都可以做出品牌来，另一方面每个子产品的目标人群会有差异化。比如小米路由器导航栏里可能会有遥控器的功能——通过手机可以遥控家里的小米电视。小米手机可能就不需要这样的功能，它更多的是跟粉丝进行交互式的沟通。不同的公众账号、不同的目标群体可以形成个性化的目标服务，这是它的好处。而这样做的弊端就是企业要么雇用更多人来运营这些不同的公众账号，会大大增加人力成本，要么用一两个人来负责多个公众账号，结果可能导致每个公众账号都运营不好。现在的电商行业或通过整个流程过程来进行划分和设置不同账号，一些电商公司让他的粉丝关注其公众账号的理由是通过关注可以实现查看物流的功能，也有很多商家是通过购买层面来设置公众账号。还有一些则通过售后服务、退款维权等来划分，但是也可以把它们凝和在一起做一个公众账号，各有利弊。

图 5-55　小米公众号

小米现在的粉丝大概有上百万，这么多的粉丝是从哪里来的呢？小米注册公众账号是在 2013 年的年初，正式运营可能是 2013 年 3 月左右，运营不到一个月就做到了将近 5 万的用户。粉丝的来源大概有这样几种：10% 来自微博导流，30% 来自活动策划，小米一开始没有急于做活动策划，后来经过一两个月的摸索后，才推出了“小米非常6+1.你敢挑战吗”这样的互动活动，采用的是类似趣味答题的方式，在很多和产品相关的部分还设置了米2手机、小米盒子、电源这样的奖品，鼓励用户关注小米微信公众账号。这是通过活动策划来的粉丝。另外60%来自小米官方网站、论坛、电商渠道转化。小米当年从微博往微信引流的主要方式之一就是做活动，下面是当时的一次活动截图，如图5-56所示。

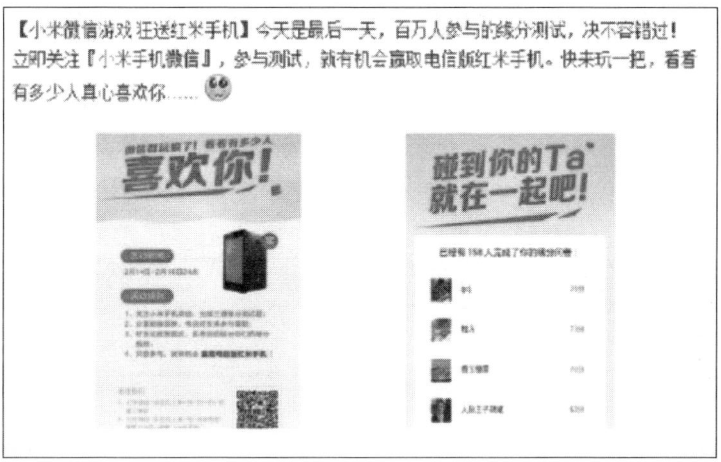

图5-56　小米微信活动

做活动引流一般要具备几个特点：1）有趣，尤其是在交互的过程当中，游戏不仅要有趣，还要带着社交营销，玩游戏时你会发现抽奖的中奖率很低，这当然很正常，但是怎么才能拥有更多的抽奖机会呢？就是每邀请一次好友就会增加一次抽奖机会，这就形成了社交营销。一提到社交营销，很多人可能会想到“集赞”这个活动模式，个人觉得把产品分享到朋友圈中集赞的方式的确对产品有推广，但实际上很多人对此是反感的，品牌营销很重要的一点是品牌文化，一个人的情绪会融入到品牌文化中，所以我们会发现酒的广告，很多都是家人在一起开心和谐的画面，因为商家想把温暖的情绪跟酒联系在一起；而可乐雪碧的广告可能会非常有活力，因为它需要把这种活力跟品牌融合在一起。同样你把这样的产品分享到朋友圈里，如果他对你的产品不感兴趣，就可能把这种不满的情绪跟你的品牌融合在一起，所以这也是我反对集赞的原因之一；2）奖品给力；3）互动及时，他给你发信息，你要及时回复，你不回复他可能就会变成一个死粉，不愿再与你互动。及时互动是一种服务，也是一次和用户之间的连接，而连接又会带来口碑营销。

仔细看小米其他公众账号的设置你会发现，小米很多时候其实是把它的微信公众账号当做和用户沟通服务的平台，而微博则是其向用户传递价值和价值观的媒体平台。小米早期做的是以微博和论坛为主的新型营销，微博有很强的媒体属性和营销可扩散性，论坛则有粉丝的沉淀性，通过这样的新媒体营销，他们始终在以做服务为基础。像小米的一个新媒体组大概有四十多个人，传统客服人员大概有八九百个人，他们都是在做服务。很多企业的营销是由销售部门来负责的，但很多时候一个产品的营销不应该由一个部门来负责。另外小米微信后台大概有上百万人、上万条信息，那小米如何提升客服能力呢？实际上他是通过高级接口的开发把一些关键词进行总结提升，用设定好的文案自动回复，这样就大大提升了整个客服的接待能力。否则只靠人力资源很难服务百万粉丝。所以从小米这些公众账号的设置可以大概看出，小米的微信公众账号矩阵是以服务为中心，区分不同的目标群体做个性化服务，通过精心策划的活动、庞大的人力资源和自动接口开发的自动回复来实现和粉丝之间的良好互动，从而最终形成口碑营销，然后通过活动等方式来进行商品售卖。

到目前为止，我们已经看到了很多行业的微信公众账号的基本设置，对此也有了大概的了解，基础比较薄弱的同学应该算是入门且有自己的一些想法了，在做微信公众账号设置时要想清楚四个定位：价值定位、用户定位、功能定位和内容定位。

价值定位——你这个公众账号对用户的价值是什么？能提供咨询服务、优惠、便利还是其他？用户关注你公众账号的理由和目的是什么？

用户定位——同样是医疗行业，病人有的想挂号、有的想找好大夫、还有的想找同病相怜的人交流病情，这些需求虽然有交叉，但是也不能按照同一类用户来运营。一定要精准定位你的用户；

功能定位——你主打的功能有哪些？额外附加功能能否为主打功起加分作用？比如酒店行业的主打功能是预订酒店，而旅游行业就会有很多的附加功能如提供打折机票、景区门票和天气预报等，很多人有一种误解，认为功能越多越好，其实不然。像小黄鸡这个功能账号特别火的时候，很多人做功能账号都喜欢加上小黄鸡，实际是没有必要的，因为它对主打功能没有加分作用；

内容定位——要做大而全还是小而精？比如医疗行业内容库的建立非常庞大，你要想清楚内容定位在哪里。比如做微信营销，你是要做微信营销账号，既教大家微信运营、微信创业、微信开发，还是只专注于微信排版，大而全和小而精，是两种完全不同的定位。

除了要想清楚四个定位外，如果你想通过微信卖东西的话，一定要关注一个非常重要的指标：重复购买率。重复购买率是电商行业一个非常重要的指标，很多电商公司开始都是通过烧钱来获得用户的，比如线下的地推团队会利用关注微信或者下载App送1~100元不等的现金红包来捞用户；线上获得一个用户的投入可能要几百元，但是用户第一次的消费可能只有几元，所以用这么高的成本获取到的用户，当然要靠重复购买才能实现盈利。传统的电商都非常重视重复购买率，今天的移动电商更要注重这一点，比如优惠券的设置、会员卡的设置其实都是增加重复购买的设置策略，用户关系的维护、信任的不断建立、意见领袖的不断建立都是增加重复购买率的方式。

第六章

微店的基本操作

这一章主要讲微店的基本操作，主要针对想开微店但不知道在哪儿开，也不知道如何设置的基础比较薄弱的同学，如果你在这方面没有疑问，那么可以直接跳过这一章。

6.1 微店的注册

微店的注册其实很简单，大家可以去苹果、安卓应用市场中（比如 PP 助手等）去搜“微店”，连接到你的手机上下载安装就可以了。或者是登录官方网站 www.vdian.com 去下载安装也可以。下载完成之后需要用手机号注册，再用手机验证码进行验证。然后填写店铺信息，一个是店铺名称，一个是微信号。如果你的店铺名称还没有想好的话，可以先随便填写一个，之后是可以随意更改的。接下来填写收款信息并确认。需要注意的是：1）要用真实姓名；2）银行卡只支持借记卡，但无需开通网银。下面要填写密保信息，如果你忘记账号密码，可以用密保信息帮助你找回。密保信息是你的身份证号码。注册成功之后你可以看到微店的基本功能，像微信收款、我的微店、订单管理、销售管理、客户管理、我的收入、促销管理、我要推广、卖家市场、镇店之宝等。这些功能是什么意思，后面会具体讲解。此外，大家还要知道微店网页版，通过网页版可以进行更方便的操作。可以通过 http://v.vdian.com/ 这个链接进入微店网页版，或者直接搜索微店网页版。通过输入手机号、密码即可登录。

6.2 微店的基本功能

微店的基本功能主要有微信收款、我的微店、订单管理、销售管理、客户管理、我的收入、促销管理、我要推广、卖家市场、镇店之宝等，我们具体来介绍一下。

1）微信收款：点击微信收款，会进入到下图所示的界面，如图 6-1 所示。输入相应的款项就会生成一个链接，把链接发给要收款的人就可以了。

这里需要注意的一点是微信收款不是微信支付，不需要添加商品就可以创建微信收款。应用场景就是，卖家和买家针对某一种商品谈好价钱后，卖家就可以建立微信收款，然后把链接发给对方。这个时候就会显示微信收款创建成功，如图 6-2 所示。然后选择以下方式发送给好友即可。

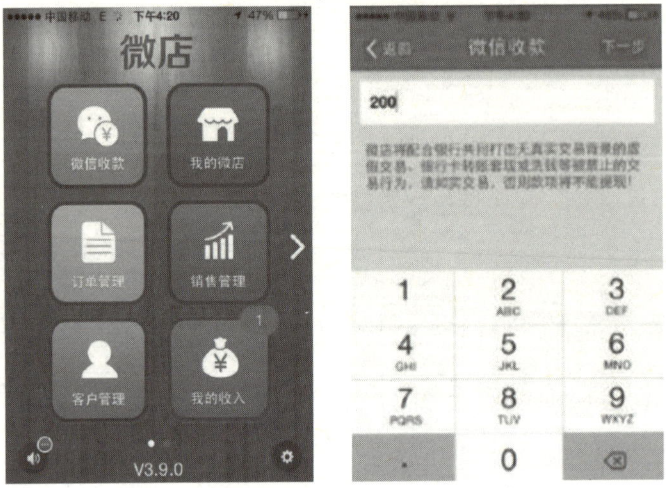

图 6-1　微信收款界面

图 6-2　收款链接

2）我的微店：点击我的微店，大家可以看到我的微店里面有上架时间、销量、库存、已售完这样的模块，如图 6-3 所示。点击店铺名称就会出现右面的图片，点击复制店铺即可发送到朋友圈，或者预览店铺、发送微信好友等。

图 6-3 “我的微店”界面

点击预览可以看到店铺是什么样子，店招的图片是可以自己设置的，点添加键，可以把自己的商品一个一个地上架，如图 6-4 所示。

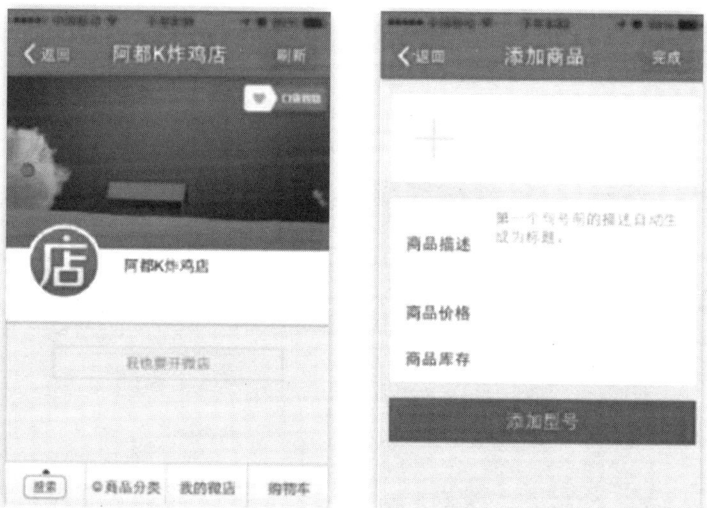

图 6-4 店铺内部样子

3）订单管理：订单管理有四个模块——待处理、未付款、已完成、已关闭。如图 6-5 所示，跟后面的销售管理其实是一样的，比较简单。

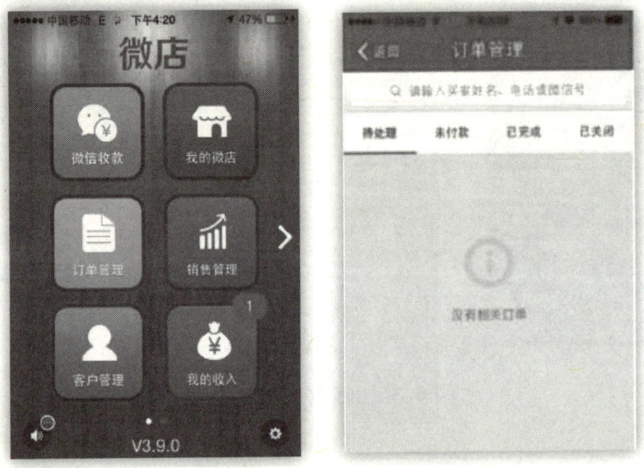

图 6-5　订单管理页面

4）销售管理：点击销售管理之后可以看到每天的每日订单、成交金额、每日访客等，如图 6-6 所示。

图 6-6　销售管理页面

5）客户管理：在客户管理中可以发现买家发生过多少笔交易、交易金额是多少，并判断出哪些是要重点维护的老客户。这里有两点注意事项：1）老客户的维系远比开发新客户更重要；2）重复购买率是大多数电商最看重的指标。很多人有一个错误思想就是只想着怎样去开发更多新的客户，让更多的新人买自己的商品。实际上无论是微信也好、微店也好，第一要做的是维系老客户，这在客户管理中是非常重要的。

6）我的收入：点击我的收入就会看到账户余额，如图 6-7 所示。卖家绑定银行卡之后，卖家的收入会在交易日自动提现到该银行，一般是 1 到 2 个工作日到账。

图 6-7 “我的收入”界面

7）促销管理：卖家可以通过促销管理功能来设置一些私密活动来吸引买家，比如原来的商品 100 元，现在 70 元，只有收到活动链接的买家才可以享受相应的优惠。如果所有人都能看到这个链接——老客户心里会觉得不平衡。促销管理的私密优惠活动可以很简单地解决这类问题，尤其是在移动端。一般来讲，微信营销最重要的功能是服务，我们在做用户管理时很重要的一点是要做用户分组，比如微信公众账号的一种分组方式是按照性别来分的，如果你想把一款女鞋变成特价优惠，那么就创建专门的优惠链接，只发给女性分组即可。还可以按购买次数进行分组，比如购买三次以上就归为VIP组，当然很多的分组是要通过技术进行筛选的，全凭借人工分组是不现实的。

8）我要推广：我要推广主要包括友情店铺、分成推广和口袋直通车三种方式，如图6-8所示。a．友情店铺——类似于友情链接，就是在卖家店铺的最底部出现其微店的图文链接。这种链接我个人是不推荐的，因为本身自己的流量就不多；b．分成推广——推广者分享卖家店铺和店铺里的商品后，有人通过分享链接发生交易之后，推广者可以获得佣金；c．口袋直通车——口袋直通车的开通是有条件的，第一，你的微店须成功使用过淘宝搬家服务。第二，对应淘宝店铺的主营类目符合服饰鞋包、母婴、家居用品、美容护理、3C数码等分类。第三，对应淘宝店铺的主营类目符合加入消费者保障计划、天猫商家或信用等级1钻及以上的淘宝卖家、好评率大于等于98%、动态评分三项均大于等于4.6分等条件。总体看类似于淘宝直通车。

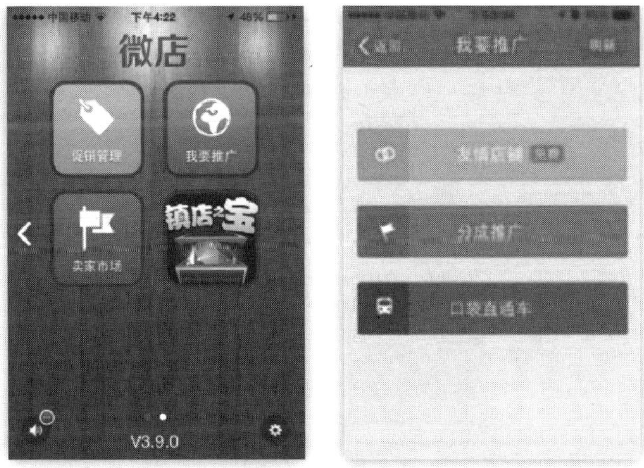

图 6-8　推广界面

9）卖家市场：卖家市场分为四类，如图 6-9 所示：一是批发市场，这里有很多商家，没有货源的店主可以从这里批发；二是转发分成，系统会随机抽取设置了有奖转发的店铺，让大家帮你推广；三是附近微店，通过定位就可以知道你附近有哪些微店；四是卖家论坛，可以用来招代理或者和其他微店主进行经验交流。

图 6-9　卖家市场

10）镇店之宝：镇店之宝实际上是卖家推荐的一种爆款商品。

还有左下角的工具栏，点击之后会看到最近微店购物街女装招商、对话功能上线等活动，如图 6-10 所示。点击右下角的功能键就会出现淘宝搬家助手，这样就可以很快把你的淘宝商品搬到微店里，如图 6-11 所示。

图 6-10　活动界面

图 6-11　淘宝搬家助手

6.3 微店的基本设置

登录微店，点击我的微店就可以看到微店的基本情况，如图 6-12 所示。我们随意注册一个微店来举例，点击店铺名称就可以看到店铺设置，再点击图片编辑店铺图标，就可以看到店铺名称、微信号、全场运费、店铺公告、担保交易、更换店招等设置。

图 6-12　微店基本设置

下面我们逐一对其进行说明。

店铺图标：1）点击图片编辑店铺图标；2）图标的设计建议和微信号一样或者风格相近，因为微店实际上首先是基于熟人关系的交易；3）在定位上建议实行品牌和人进行联系的双品牌策略。在移动端一个商品很可能同时有无数个人在做，而其中一部分人没有很认真地在做，而是在卖一些假货或伪劣产品，这会导致整个行业在信任环节上出现问题。所以建议这个时候采取人和品牌联系在一起的双品牌策略。比如张三东芝优盘，可能只是一个优盘，但是有张三这个品牌，会更具竞争力。

店铺名称：微店名字可以采取“品牌人”加“产品人”这样的思路。微信号可以不填，如果要填可以填写你的私人微信号，方便用户和你进行沟通，增强信任感。

全场运费：要填写运费的价钱，包邮的话就可以填写0。一般来讲，商品的价格对用户敏感度特别高的话，建议填写运费。假如用户对商品价格高几元低几元无所谓，则可以选择包邮，并适当提高商品价格。

店铺公告：店铺公告是非常重要的，这是用户对你店铺整体定位认知的关键获取入口。获悉你的核心信息有哪些，比如可以从主打特价、每日优惠、包邮、人群等很多不同角度来切入。你的店铺公告就要针对不同的人群来写。这里最容易出现的问题就是把所有角度都混杂在一起，又是特价、又是定位人群的倾向、又是产品的特色，这样买家对你的店铺没有定位认知，所有在此建议突出最具特色的一点来写。

担保交易：微店保管交易额，买方点确认收货后账款才会打到卖家账上，一旦确认担保交易，想取消需要联系客服，目前这个阶段不推荐。

更换店招：需要美工来做图片，展示图片。

货到付款：目前不推荐中小卖家采取这种方式。因为货到付款是要和物流达成协议的。快递会收取代收费，量小利润小的产品店铺不推荐。

整体来讲，这就是店铺的基本设置，关键点就是店铺的名称和尽量选择双品牌。店铺公告怎么写也非常重要。

6.4 如何在微店中添加商品并分类

首先介绍一下商品添加的途径：1）手机微店；2）微店网页版——一般要添加商品数量大、需要分类时推荐使用。添加商品的步骤：点击“我的微店”，再点击“添加”，就可以看到添加商品的界面，在这里可以看到商品描述、商品价格、商品库存和添加型号等。

假如我们卖优盘，一定要注意几个点：1）商品描述的前 30 个字特别重要，最好使用塑造双品牌、能体现差异化特征的描述方式；2）商品价格可以具体到分，最好要比京东、天猫等同类商品价格稍微便宜一点点；3）商品库存显示数据要比真实库存多一些，因为只要卖家提交订单，即使没有付款，库存也会减少。

我们来简单做一个卖优盘的示范，双品牌——张三东芝 8G U 盘，在 8G 和 U 盘之间还可以加一个差异化特性，比如闪存。紧接着说明它为什么比别的优盘快，这是一个感知化的词汇。你说你的优盘存储快，用户对此是没有感知的。所以我们要写“存储速度极快，是普通优盘存储速度的 1.2 倍”。突出的一个是双品牌，一个是优盘的差异化策略，这两点都有很明显的体现。商品价格可以写 69 元，库存假如有 300 件，就填写 500 件，然后点击“完成”，就会看到“恭喜你，商品已经添加成功”的提示。然后就可以把产品分享到你的微信、朋友圈、QQ 等社交化媒体上。此时预览店铺，就可以看到“张三东芝 8G 闪存 U 盘，存储速度极快，是普通 U 盘存储速度的 1……" 大家有没有发现问题? 前面我们写的是 "是普通 U 盘存储速度的 1.2 倍", 但是这里看到的信息不完整, 所以要回去修改我们的描述。

修改描述时, 首先点击右下角的箭头, 点完之后可以看到 "编辑", 点击 "编辑" 就可以进入修改了。把 "存储速度极快" 的 "极快" 两个字去掉, 直接改成 "存储速度是普通 U 盘的 1.2 倍"。这就是我们的产品特性, 修改完毕后, "1.2 倍" 这个关键字眼就可以在首页上看到了。点击 "编辑" 会发现还有一个 "店长推荐", 店长推荐是什么意思, 也就是说你的微店可能有很多的商品, 但不可能每一件商品都是爆款, 所以 "店长推荐" 就是要把你的爆款商品推广出来, 让更多的人购买, 如图 6-13 所示。

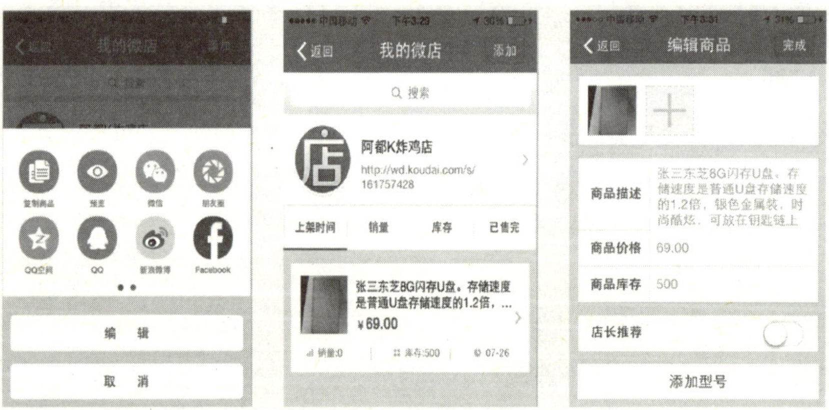

图 6-13 微店界面演示

随意添加另外一个商品, 写上 "推荐" 两个字, 便是整个微店的商品推荐。如果商品有很多不同的规格, 比如 size、颜色等都可以写进去。如果没有就可以不写。

如何对商品进行分类呢？商品分类必须在电脑上进行添加，打开网址链接 v.vdian.com，点击“我的微店”，可以看到有“商品管理”和“分类管理”两项。在“商品管理”中可以看到上架时间、销量、库存、已卖完，还可以点击添加商品继续添加，如图 6-14 所示。

图 6-14　商品分类

点“分类管理”就可以进行分类，点击“添加分类”，会出现一个对话框，再点击又会出现另一个框，可以在这里进行分类、排序等，最后点保存修改即可。把商品归入不同的类别后就可以对商品进行管理了，如图 6-15 所示。

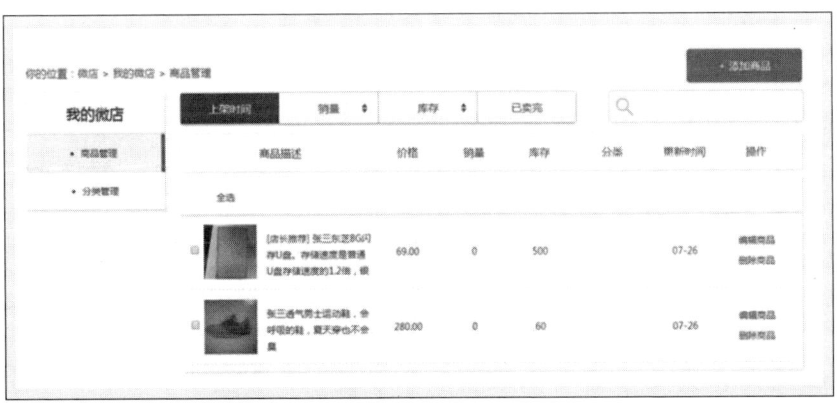

图 6-15　商品管理

6.5 如何选择微店的平台

目前提供给商户们开微店的平台很多。在这里简单介绍一下几个常用的第三方平台，大致包括以下八种：移动端的淘宝、微信小店、京东微店、口袋通、中兴微品会、微电网、开旺铺、口袋购物的微店。

1）移动端的淘宝，PC 端的淘宝有一个移动的 App，有很多淘宝店的店主直接选择在手机上做移动端的淘宝；

2）微信小店，使用微信小店有两个申请条件，一是必须是已经认证的微信服务号，每次认证的费用是 300 元。二是必须已经接入微信支付，这两个条件会阻挡非常多的商户尤其是个体户。

微信小店的开通流程：

第一步：添加商品——选择类目；按照指引填写商品的基本信息，包括商品名称、图片、运费、库存、详情描述等。

第二步：商品管理——可以设置不同的分组来管理商品，分组可用于将商品填充到货架中；还可以快速对商品进行上下架操作。

第三步：货架管理——货架的定义，用于承载商品的模板，每一个货架是由不同的控件组成的；选择完货架之后，商家可以把分组管理中的商品添加到货架中；发布货架，将编辑好的货架点击发布，然后复制链接，链接可以填入自定义菜单中，或者下发到商品信息中。

3）京东微店，除了微信小店，还有京东微店。对企业来说，入驻京东微店是不错的选择。因为腾讯跟京东是战略合作，所以京东也能拿到微信、QQ 等的一级入口。在流量上京东微店对企业来说也是一个很不错的选择，但是京东微店的入驻门槛比较高，现仅开放京东 PoP 商户入驻。之后门槛会适当放宽，但对很多中小企业来说还是难以企及的。

4）口袋通，口袋通不仅可以帮助大家搭建一个移动端的店铺，还可以帮助商家管理各个平台上的粉丝，而且还是免费的。但口袋通的免费也是有条件限制的，第一必须是正规商家；第二，微信公众号必须是服务号。

5）中兴微品会，对那些没有自己的产品，又不想自己去进货，但是有资本的商家，可以考虑中兴微品会；中兴微品会申请成功后，通过中兴微品会售出的中兴通讯任何一款产品，都由中兴通讯负责发货和售后服务等；你可以选择你喜欢的中兴微品会的商品放到自己的微店中经营；一般的佣金比例是 5% ~ 10%。

6）微店网，网址是 www.okwei.com，他们的目标群体第一是供应商，第二是微店主。供应商在微店网上提供货源、物流和售后服务，微店主负责推广。

7）开旺铺，网址是 www.kaiwangpu.com，比较适合供应商和厂家，通过开旺铺可以设置让其他人帮你代销产品。

8）口袋购物的微店，口袋购物的微店适合中小企业和个人，网址是 www.vdian.com，它有一个很好的特点是假如你有自己的淘宝店，就可以把淘宝店一键搬到这个微店平台上，也可以一键把自己的淘宝店搬到更多人的微店商上。口袋购物的微店对整个移动电商的理解是比较深入的，推荐个人和中小企业可以更多使用口袋购物的微店。

6.6 如何把微店和微信打通

很多时候我们需要把微信和微店打通，通过微信公众账号来聚合目标用户，通过微店来进行转化。最简单的打通方式就是在微信的自定义菜单中放上微店的链接，这样目标用户关注你的微信公众账号时就可以很清晰地看到你的微店。还可以在图文消息的阅读原文中放上微店的链接，或者在关键词自动回复设置中嵌入微店链接，这三个是比较常用的打通微店和微信的方式。

第七章

如何对图文消息进行炫酷的排版

我们在新建图文消息时需要对其进行排版，这一章主要讲解如何随心所欲地创建你想要的模板，如果发现一个喜欢的模板，如何把它变成你的模板。

排版需要用到这样几个工具：1)Adobe kuler，用来进行配色调整；2)华盖、全景，用来搜索高质量图片，做图文消息用；3)求字体网，用来设置字体；4)书法迷，也是用来设置字体的；5)Ueditor，排版编辑工具；6)草料二维码，用来设置二维码的；7)秀米，专门用来做微信图文消息排版的；下面我们就对这些工具及使用方法分别进行介绍：

1)调色工具 Adobe kuler：网址是 https://kuler.adobe.com/create/color-wheel/，点击 sign up 进行注册，注册成功之后就可以登录了。下次再登录时点 sign in 输入用户名、密码即可。这是一种常用的配色工具，对微信图文消息的排版而言，只需学习两个功能即可：如何找到你喜欢颜色的 RGB 值，如何进行相应的配色。

登录 Adobe kuler 后，如图 7-1 所示。通过旋转小球来选择自己喜欢的颜色，选择好之后就可以提取到相应的 RGB 值以及与选中颜色最搭配的几种颜色，当你要设计一些图文消息的标题或者小标题底色时，就可以通过这个 RGB 值准确地进行底色设计。

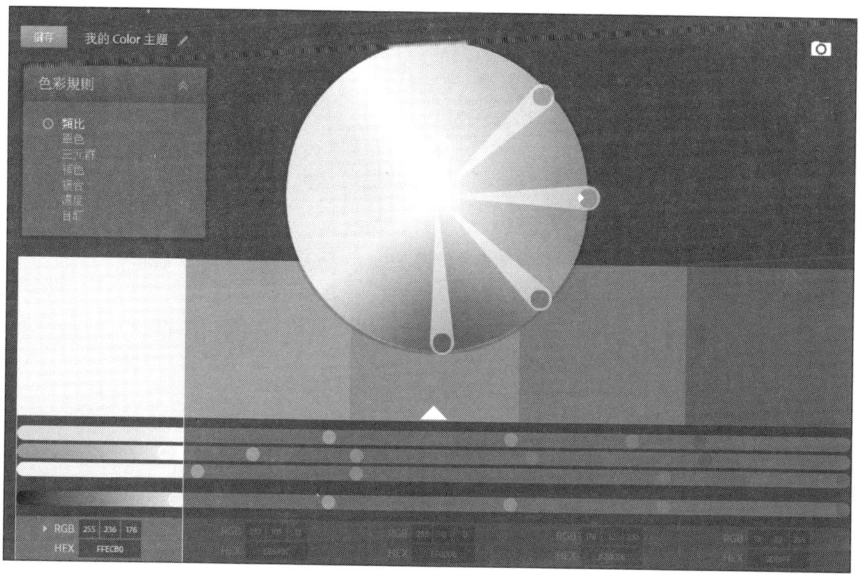

图 7-1　adobe kuler 调色工具

2）搜图网站：华盖、全景。运作微信时你会发现很多同类文章用的图片都是一样的，这是因为大家都会在百度图片上进行相应的关键词搜索，当然你也可以这样。但是如果你想找一些与众不同的或者更高质量图片的话，那么你可以通过一些网站途径来进行搜图，比如华盖网，华盖网上有很多创意图片、影视素材等，如图 7-2 所示。

再比如全景网，全景网号称中国最大的图片库和图片素材库网站，上面有分门别类的各种素材图，比如科技类、时尚类、购物类、环保类、家居类等，很全面，此外也还有很多创意素材，如图 7-3 所示。

图 7-2　华盖网素材库

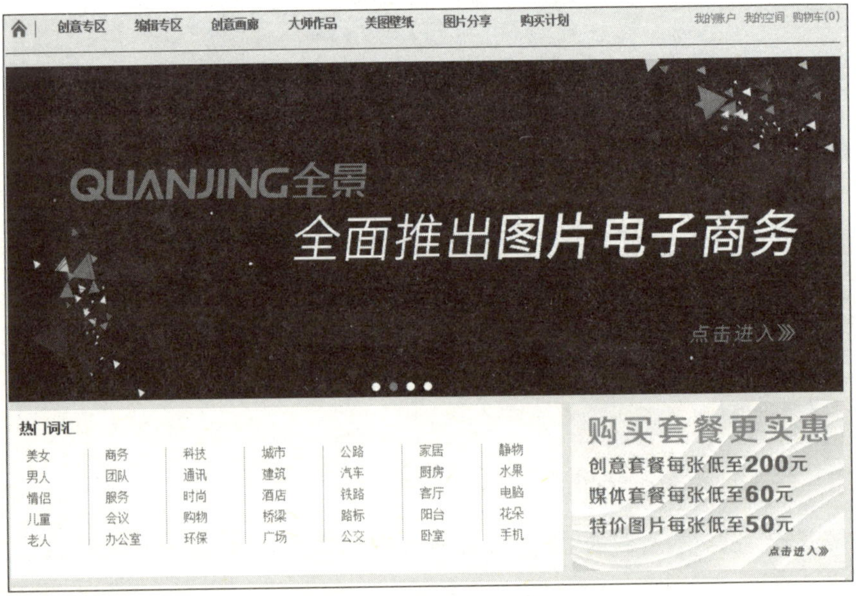

图 7-3　全景网素材库

大家可以去这两个网站看看，如果有需要的话可以下载使用，当然他们的很多素材都是收费的，因为华盖和全景对版权的要求很高。免费好图建议大家可以用谷歌来搜索，网址是 www.google.com.hk。如果希望用一些纹理背景，那么可以去 http://subtlepatterns.com/ 这个网站选择你喜欢的纹理。上面提到的书法迷、草料二维码等工具大家自己打开网址去试试就可以了，操作起来很简单，不再赘述。

3）排版工具 Ueditor：Ueditor 是一款百度在线编辑器，如何使用 Ueditor 来进行排版？很多同学开始用的时候打开界面就看到提示要下载，这里提醒大家，无需下载，点 UE 演示就可以，直接在线上更简单好用，如图 7-4 所示。

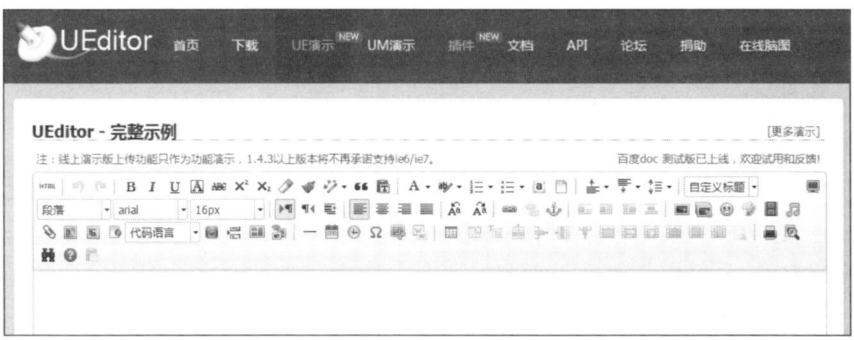

图 7-4 UEditor 编辑器

这款编辑器提供给我们的有文本排版、字体类型、段落排版、特殊符号、列表样式等排版方式，文本排版建议大家用小 4 或者 4 号字体，这样在手机上观看比较精致，字体样式可以选择宋体，点击 UEditor 上面的 “html” 就可以看到相应的代码。如果你要改变字体颜色、粗细等就可以在代码中修改。color 右面的就代表颜色，可以把自己提取出来的颜色 RGB 值替换原有的 color 右面的值即可。list-style-type 是控制列表样式的，如果你想去掉的话就把它的值写成 none 即可。剩下的大家去亲自体验一下就会明白。

4）排版工具秀米：如果大家希望快速地利用各种模板来搭建出漂亮的图文消息页面，那么推荐大家选择秀米，网址是：http://xiumi.us/，如图 7-5 所示。

图 7-5　秀米排版工具

登录秀米网址后点击“图文排版”，点击“添加新图文”，会看到左侧有非常多的模板可供选择，如图 7-6 所示，有各种标题模板、正文模板、图片模板、图片组合排版模板、各类样式的卡片模板和标题模板，大家只需单击选中自己喜欢的模板就可以修改里面的文字了，最终点击对号生成，然后复制粘贴到微信公众账号中即可，这种排版方式比较快捷。

图 7-6　秀米模板库

其他的排版工具还有乐排（http://pb.ishangtong.com/），微推宝（http://www.weituibao.com/editor/one），不过从用户体验上来说，秀米相对会更好一些。

如何复制自己喜欢的模板?

大家在看微信公众账号时经常会发现自己喜欢的一些样式，如果自己也想用那样的样式该如何复制呢？首先，点开并复制那个图文链接，然后发到你的电脑上，用 QQ 的“我的设备”这个功能就可以很方便地把手机上的链接发到电脑上。当然你要先在电脑上登录 QQ，发完之后打开链接，然后把里面你喜欢的样式复制粘贴到百度在线编辑器中，然后通过里面的样式进一步修改。如果无需修改，即可从中复制粘贴到微信公众账号上，更改相应的文字就可以了。

第八章

微网站的搭建与传播

微网站是运营微信时要用到的，它可以进行企业、信息和商品的展示，如果大家想随心所欲地搭建自己心目中那个微网站的话，还是需要掌握一定技术的。很多人可能对学技术不太感冒，觉得只要能实现基本的微网站功能就可以了，那建议这部分人可以使用“快站”这款产品。

快站可以用拖拽和模块组合的方式创建出简单的微网站，你可以把它放在微信自定义菜单、阅读原文、文章内部的链接中，还可以和微信进行无缝对接。这一章主要跟大家分享如何使用“快站”搭建出自己的微网站。

首先，大家需要登录快站的官方网站 www.kuaizhan.com 进行注册，注册好之后就会看到“新建站点”的按钮，点击新建站点就会进入模板选择界面，如图 8-1 所示，你将会看到各行各业可供选择的很多模板：

图 8-1　行业模板选择

大家可以先选择空白模板练习一下，点击空白模板之后进入主题和颜色选择界面，如图 8-2 所示。

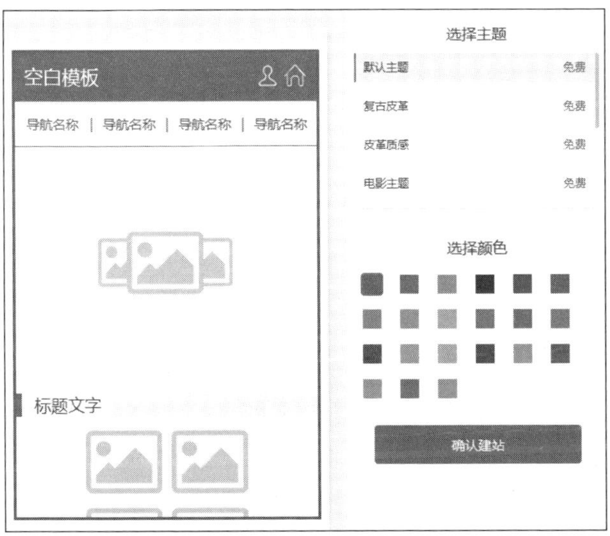

图 8-2　空白模板与主题选择界面

选择你喜欢的主题和颜色，点击确认建站，进入页面管理界面，如图 8-3 所示。

图 8-3　页面管理界面

假设我们要做一个美容院的微官网，可以为美容院取名“瞎整形美容院”，导航可以设置成四个标签，分别叫首页、关于我们、联系电话、成功案例，如图 8-4 所示。点击站点名和导航名，右侧就会出现“设置”，输入自己想要的名字进行设置，然后点击图片进行上传，设置微网站的首页图片，这里我们先随便找几张图片上传上去，大家做网站时可以根据自己的风格好好设计。

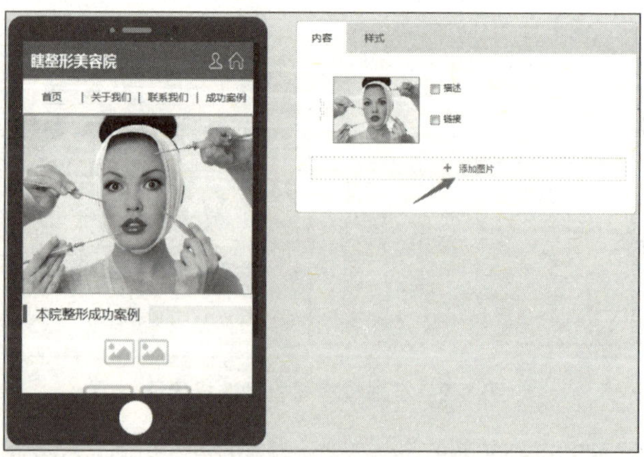

图 8-4　微官网制作页面

点击“添加图片”继续添加图片，然后点击样式，设置成轮播图，这样用户在手机上看到的就是自动轮播图的首页了。接下来你可以设置一些媒体类信息，比如本院整形成功案例等，这时你需要什么就可以通过拖拽左侧的功能插件到右侧进行添加，然后在排版中进行双栏等排版式的操作即可，如图 8-5 所示。

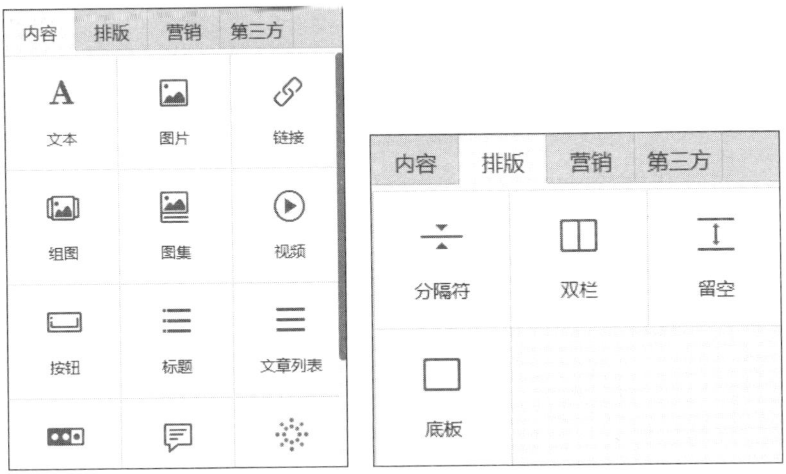

图 8-5　工具调用按钮

除此之外，你还可以添加地图、二维码等功能插件，如图 8-6 所示。

图 8-6　功能插件

这里不再多说，我的微信营销课程：www.ukejisong.com 中有很详细的演示，大家制作好微网站之后点“发布站点”就会生成一个网址链接，将这个链接和你的微信公众平台打通，比如放在自定义菜单上、信息中的链接设置或阅读原文中等，当然，如果你真想随心所欲地制作微网站或者通过帮别人制作微网站来赚钱的话，那还是要好好学习技术，在我的微信营销课程中有完整的技术教给大家。

第九章

H5 炫酷页面制作，打造场景营销

很多时候我们需要借助朋友圈的信息展示来达到宣传效果，这种展示甚至是病毒传播的效果，而这种展现最好的方式便是HTML5(H5)页面。HTML5页面是近来非常火的移动端展现形式，更好的交互、更绚丽的展现让它在移动端大放异彩。

软件大家可以去www.ukejisong.com上面购买。我的课程会教大家HTML5技术，可以轻松实现你想要的HTML5炫酷页面。但是有的同学可能不想学那么专业的技术，那没关系，我们也有简单的工具能让你不学技术也可以搭建HTML5的炫酷页面，这里推荐大家使用“微客场景”或“易企秀”这两款产品，简单操作就可以实现H5炫酷页面效果。打造场景营销，虽然会受制于模板本身，不能把你的想法全部展现出来，但对很多人来说已经足够了，如果想百分百地实现头脑中的想法，就要好好学习H5技术。下面以“微课场景”这款产品为例，来讲解一下如何通过它来快速生成H5页面：

首先登录“微客场景”的官方网站http://www.weikecj.cn进行注册，如图9-1所示。注册好之后你会看到场景的制作流程：添加场景—选择模板—创建场景—上传素材—生成场景。

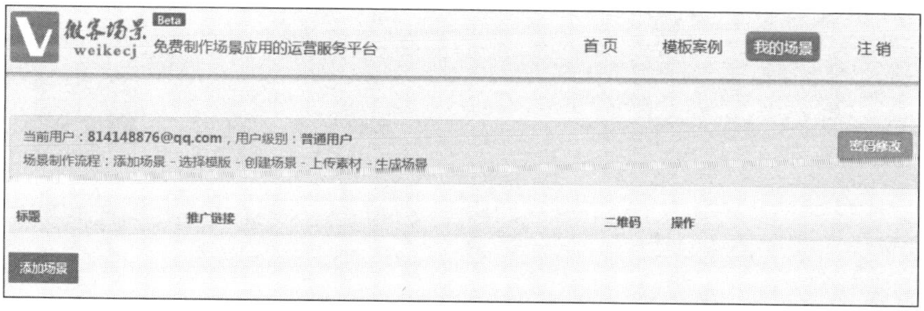

图 9-1　微客场景制作界面

点击“添加场景”，进入模板挑选界面，如图 9-2 所示。

图 9-2　模板挑选界面

点进去扫描相应的二维码，就会看到对应的场景在手机上的呈现样式，看看哪种呈现是你想要的风格，确定好你想要的模板之后，点击底下的“创建场景”就进入了编辑界面，如图 9-3 所示。

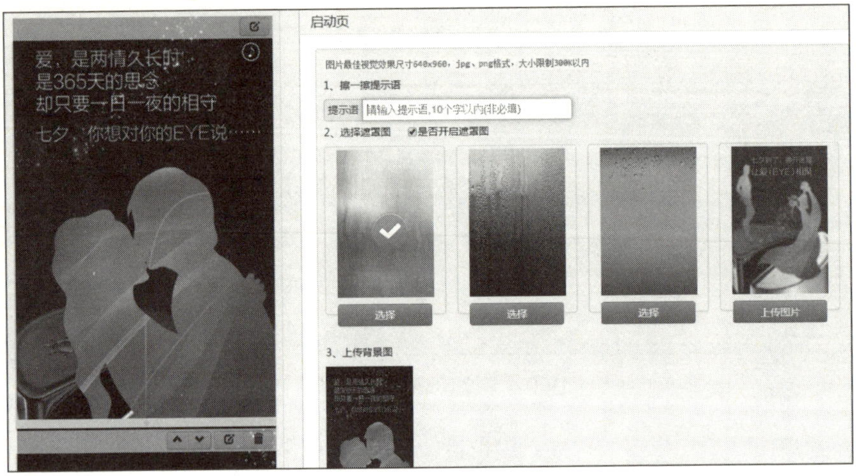

图 9-3　编辑界面

你可以上传背景图和你想要的背景音乐，设置背景的主色调、文字内容、微信分享时要显示的标题、信息及 Logo 等，如果页面数量不够还可以新增页面。设置完成之后，点击返回场景列表，就能看到你做好的 H5 页面的推广链接和二维码，用它即可去做推广宣传。

当然，这个链接是别人网站的域名，如果你想完全做自己的东西，就要学 HTML5 技术来实现，这也是我推荐大家学技术的原因。未来的运营需要懂技术，不是光有一些想法就可以的。竞争激烈的想法快速变成现实的产品然后去市场上进行验证显得格外重要，所以，今天的时代有可能变成全民学技术的时代！

第十章

快速增粉和引流策略

做微信运营，粉丝的增长肯定是重头戏，所以这一章跟大家分享重要的增粉和引流策略。

首先我们要做微信营销前的准备，包括微信号的基本设置——你要考虑是否用自己真实的微信号，或者搭配微信小号交替使用；然后要设置微信号的昵称、头像、个性签名和封面。

一些基础比较薄弱的同学在下面这些问题上会产生混淆：1）微信号和微信公众账号有什么区别——微信号是你手机上的微信，微信公众账号指的是微信公众账号的平台；2）订阅号和服务号有什么区别——订阅号主要是做一些自媒体，需要经常跟用户做一些沟通时可以选择订阅号，订阅号每天可以发一条群发消息，而服务号每个月可以发四条。服务号实际上是提供服务的，不需要和用户进行交流，用户通过自定义菜单就可以操作。比如肯德基就是服务号，大家可以通过其服务号来查优惠券；景区的订购门票微信号等都是服务号。无论是服务号还是订阅号，你申请关联认证的称呼都要和腾讯微博的称呼一致，但实际上腾讯微博的关联认证没有那么重要；3）一个手机号和身份证可以绑定注册几个订阅号——目前能够绑定注册5个；4）个人能注册服务号吗——个人是不能注册服务号的。

微信号的细节及基本设置有几点注意事项：1）头像，要尽量真实、亲切，或者和你公众账号的定位有关；最近有人喜欢用头像上面加一个红色的数字1，目的是想让更多人注意到他，个人对此保持中立的态度，一般不建议采用这样的头像，某些程度上可以引起他人注意但实际上并没有太大的作用。尽量保持头像的真实、亲切就可以；2）昵称，加AAA在朋友圈的通讯录中会排在前面。不要用无意义的英文，别人对此不会有太深刻的印象。自己的微信号建议使用真实姓名，小号建议使用和你要运营的微信账号相关的名称；3）个性签名，简单、直接，标明你能提供的价值；4）封面，封面是一个特别好的广告展板，但是不要太广告化，需要好好设计一下。

有了这些简单的设计之后，还要弄清楚一点——通过朋友圈引流的三大关键点是什么？1）朋友要多；2）需求要相对精准；3）往朋友圈发的内容质量要高。

那如何让朋友更多、如何控制需求精准度呢？讲起来很简单，但在操作上要长时间坚持。1）第一轮，把你QQ上的好友通过添加朋友、输入QQ号的方法添加到微信好友中，测试什么样的发送语通过率高；2）第二轮，用QQ号加入到垂直行业的QQ群里面，比如你卖微信营销的课程，你就要加入微信营销的QQ群、营销的QQ群等，然后通过群里面的QQ号进行好友添加。

要注意的是如何防止被封号：1）虽然是小号，但是请当成自己的号来做，比如绑定银行卡，往理财通里面存点小钱，用微信小号买买东西，让腾讯感受到这是个真实的人，而不是专门为了做营销新建立的微信号，然后马上就开始大量地发送加好友邀请；2）一开始加好友的数量控制在100名以内，然后逐渐增加，频率不要太高。假设你有1000个朋友，就可以开始朋友圈营销了；3）一定要提供公众账号的高质量内容，比如你要卖面膜，你发布的最好是和皮肤管理相关的内容。你要把面膜微店的链接放到公众账号阅读原文中。梳理一下流程——第一确定要卖面膜，把面膜的产品信息放到微店的App中，放好之后不是把微店App 的链接到处推广，而是要有一个微信公众账号为你的潜在粉丝提供价值，比如通过分析找到差异化定位，这个微信公众账号能把所有不同肤质的皮肤保养集合起来，也能检测皮肤是什么特性，微信公众账号的图文内容每发一次都有一个“阅读原文”， 阅读原文可以添加链接，在这个链接中可以放你的面膜微店链接。

沉淀很多内容之后如何去扩展粉丝：1）要与微信小号进行配合，通过朋友圈，通过QQ号加垂直行业QQ群等方式；2）推荐式的广告和促销式的广告也可以，但每天发很多条这种信息等于在广告中插播连续剧，这是绝对不行的。你要发高质量的内容把潜在用户引导到公众账号上，然后不断地把陌生用户培养成信任用户，再通过其他方式将其导入到微店，这种逻辑才是可持续的。发布时间建议在晚上为好，一次可以发布五条左右高质量的内容。

如何引起大家的注意？因为你加的很多人都是陌生人，一开始人少的时候，可以用互动的方式比如评论引起对方注意；人多起来之后，一一互动就困难了，那就点赞。点赞之后对方也会点你的头像，你的封面本身就是一种宣传，这种宣传对他也会有一定影响，你的过往文章他也会关注。所以通过朋友圈为你的公众账号引流的大概路径很简单，实际上你想卖什么就去注册一个为粉丝提供价值的公众账号，然后弄一个微信小号，用微信小号通过 QQ 号加入垂直行业的 QQ 群，通过 QQ 小号添加 QQ 号的方式把他们引到你的朋友圈里面，通过点赞引起他们的注意。往朋友圈发送和行业相关的高质量内容，做微信营销的承载。大家关注你的公众账号之后看到往期内容也非常不错，对你的信任感就会一点点提升。

移动电商必须基于粉丝、基于信任，只有微信公众账号才能把潜在粉丝聚集起来，才能持续不断地提供价值把陌生用户培养成用户，把用户培养成粉丝，把粉丝培养成铁杆粉丝，这个时候才能把交易量做起来，雪球才能滚起来，营销推广也才是可持续的。上面只是介绍了一种方法，下面我们逐一介绍几种常用的增粉和引流方法。

10.1 描绘精准的人群画像

很多人一上来就开始做各种推广，过于盲目。做推广的前提是要想清楚什么样的人才是你的目标人群，如果人群画像不精准，最终交易的转化率极低，取消关注率极高。

假设你要做一个和微电商有关的公众账号，你发现想学微电商的同学分好几类，有的是已经在做微电商了，但是不知道怎么推广；有的是看到朋友圈中好多人在做微电商自己心痒，但是不知道怎么开微店；有的是想先学习各种成功的微电商案例。

这是三种不同的人群画像，你只能先集中精力瞄准一类人进行推广，这时你的内容布局策略就要有所调整。如果你瞄准的是已经做了微电商但不知道如何推广的人群，那么你微信公众账号的内容策略应该先全部聚焦在推广策略上，每种推广策略要尽量深入；如果你瞄准的是想做微电商但不知道怎么开微店的人群，那么你的内容策略应该是先教大家怎么开微店，内容要图文并茂、简单有效；如果你瞄准的是想学习各种成功微电商案例的人群画像，那么你的内容策略可能要先集中把国内所有成功的案例进行采编整理，然后输出干货案例来。

这三种人群其实有很多是交叉的，但是你必须要先画好你要服务的那群人，先集中精力以一个切入点服务一类人开始运作。同样，比如你想做皮肤方面的公众账号，那么就需要先挑选一个市场目标人群相对较大的先运作，可能是祛痘、祛斑、保养、保湿或者其他，总之要先找好一个细分定位集中资源去服务和吸引这群人，单点突破；假设你要做微电商卖水果，也要先想清楚你的人群画像，先卖一种水果，做好单品，服务好一个人群，然后再考虑拓宽品类，总之快速增粉之前一定要先画好你的人群画像，清楚自己想服务的粉丝是什么样的人。

10.2 产品本身的引流

做营销先记住一句话："微信营销不是加人，而是要靠产品或内容来吸引人"。很多人做微信运营做偏了，开始就用一些所谓的加粉软件疯狂加人，效果甚微不说，还有点南辕北辙。后面会教大家用微信小号来加人，但是要找到精准画像的人群来加，而不是用什么定位软件、附近的人、漂流瓶等这些工具盲目地加人，这些都是皮毛，效果不好不说，吸引来的人都不对路。

精准的引流方法之一就是用你的产品本身去引流，如果你做的是实体商品，则可以在你的实体商品上放上你的二维码，并标明关注后能得到的优惠或礼品，比如微信下单首单免费等，当然这要根据拓展市场的预算和策略来定。基于产品本身导流过来的用户大多数是精准用户，二维码的位置可以放在产品本身和产品包装上，这里要注意的细节就是测试扫描二维码的容易度，比如一些水果电商因为水果本身是圆形的，所以放上二维码后非常不利于用户成功扫描二维码，这时候就要测试不同角度的二维码扫描容易度；还有的小团队比较粗心，二维码生成得有问题，所以容易导致扫描关注失败。扫描关注之后最好马上就有成交动作，因为很多人在首次关注到再次打开你的微信可能会间隔多天，甚至永远不会再光顾了，所以尽量在一开始就有意识地去培养用户的使用习惯，比如关注你的微信公众账号之后收到的自动回复中有"今天下单，10元包邮，一箱精品褚橙！ <a href="跳转网址">点击了解</a>"之类的语句，我们发现"点击了解"这个关键词是被 a 标签包起来的，这样可以在公众账号中实现跳转链接。这里先不要使用"立即购买"这样的关键词，成交动作不能太快太生硬，可以用"点击了解"这样的关键词诱导用户下意识地去点击"点击了解"，然后跳转到你设计好的销售页，在销售页中可以描述你的褚橙为什么好，如何选择橙子，怎么保证味道，怎么运输，性价比高，包邮等特色，然后这里可以设置"立刻购买"的字样，这样就能让用户关注你之后马上进入使用习惯培养阶段甚至是直接交易阶段。

如果是内容类的公众账号，比如皮肤相关的公众账号运营，那就在关注后自动回复中设置类似"1 分钟测试，量身制定专属皮肤保养方案，<a href="跳转网址">点击测试</a>"的语句，这样设置的目的是掌握用户的真实需求，比如你的测试中设置的问题是想解决什么皮肤问题，答案选项中有青春痘、祛斑、祛皱等，如果他选择的是祛痘，那么你马上自动匹配给他回复一篇祛痘方面的软文，在软文里面卖产品或者为美容院引流都可以，软文中最好有优惠甚至是免费方案，比如几月几日前免费领取价值XX 元的皮肤深度诊断套餐，点击领取之后可以去你线下的实体店去做问题皮肤诊断等，总之用户扫描关注你产品上的二维码之后要马上对其进行使用习惯的培养，否则很可能到手的用户又流失了。

如何快速生成个性化的二维码呢？个人比较偏向最普通简单的二维码，但是有的同学可能喜欢在产品上放置比较个性的二维码，那该如何制作生成呢？这里为大家推荐一个免费简单的二维码在线生成工具：草料二维码

(http://cli.im/)，如图 10-1 所示。

图 10-1 草料二维码

如果你想把文字、网址、名片、图片等转换成二维码，都可以用这个工具来轻松实现，并且可以设置颜色、形状等满足你的个性化要求。

10.3 地推

地推是很多互联网公司开始项目运作时选用的一种市场拓展方法，像打车软件在拓展市场时每天没日没夜地去火车站、机场让司机下载并为其讲解他们的软件；各种订餐网站开始也是同样地去扫街谈商家；很多在微信上卖水果的电商也是通过扫楼结合优惠套餐的方式来进行第一批粉丝的推广，大家可以看下面这张图，如图 10-2 所示。这是其中一家水果电商扫楼的场景，扫描二维码送橙子。

图 10-2 地推橙子

还有很多校园团队在学校里放着音响进行简单的演出，然后有人专门负责一对一对路过的人推广二维码、邀请关注公众账号，平均一天差不多可以有两千左右的粉丝增长量，所以地推其实是非常有效的手段之一。但任何事情都没有那么容易，都需要努力、勤奋和执行力，所以如果你的目标用户是学生，那么你可以去学校做推广；如果你的目标用户是职场人士，那么你可以去办公楼区域做推广；如果你的目标用户在某一个聚集地，那么你就要去那个地方扫街推广。这里要注意的是：尽量不要用发传单的推广方式，发传单的转化率差不多只有千分之一，一定要尽量跟每一个客户聊，让他们关注这个公众账号，告诉他们关注之后有什么好处、什么价值，这样才能最大限度地保证你的目标用户转化质量。

10.4 自有其他平台的粉丝导入

很多企业在做微信运营之前都运营着其他媒体，比如新浪微博，比如自有网站，比如QQ群等，其实这些都可以是你导流的渠道之一。但是新浪微博禁止用户明目张胆地往自己的微信导流，这也可以理解，毕竟微信对微博的打开率和使用时间都产生了较大的影响，所以导流不要太频繁、太过分，尽量隐晦一些。

比如分享一篇文章，点击文章后跳转到新浪之外的链接，然后可以在文章中介绍如何关注你们的公众账号、关注后有什么好处以及如何使用等，这样你只需精心策划一些大家点击率比较高的文章就可以了。其他自有平台的粉丝导入就简单多了，你是要通过好内容进行转化、直接了当地让原有用户转移阵地，还是通过在微信上做活动来转移粉丝就看你的策划能力了，转化效果比较好的肯定是在微信上做活动，吸引原有粉丝转移过去参加。从生态角度来说，微信是粉丝运营最好的渠道，那是不是就无需在传统媒体网做运营了呢？当然不是！这里就需要大家更加深刻地理解微博和微信的区别。

微博和微信的本质区别在于，微信是社交属性、微博是媒体属性，微信的关系是建立在社交基础之上的，是强关系，信息的传递是双向的，这与腾讯的社交基因有关；而微博的关系是建立在兴趣之上的，喜欢什么就关注什么，是弱关系，信息的传递是一对多而且是单向的。微博的信息传播是开放的，任何人都可以看，而微信公众账号的信息几乎是粉丝专属的内容，当然微信公众账号中的内容会逐渐被搜索引擎收录展现在搜索结果中，但是在媒体扩张性方面来讲微信依旧不如微博。所以微博要当做媒体来经营，而微信公众平台要当做 CRM 来经营。为了更大的曝光量而做的大型活动策划类营销活动更适合微博，而粉丝的经营、用户的经营、重复购买率的提升和新品的推荐则应该借助微信公众平台的精心运作来实现。

10.5 微信号朋友圈配合引流

在运作微信公众账号时常会用朋友圈分享的方式进行引流，比如微信公众账号发一篇文章，你同时可以用个人的微信账号分享到朋友圈中，朋友圈里的朋友看到后，如果内容是他感兴趣的，那么他就很有可能转化成你公众账号的粉丝，因为很多人更关注的实际还是内容。这里的一个细节是：提醒用户关注公众账号的话语既要设计在文章首尾两处，也要设计在用户阅读的过程当中，但是设计一定要合理，尤其是在色彩的搭配上，比如可以用灰色的底层，字体用微软雅黑，配上一个很小的卡通图案，提醒的话语可以温馨或者搞笑，这样用户在读正常内容时就可以顺其自然地接收到提醒，既不会一点都没有留意到内容提供者是谁，又不会因为广告气息太浓而反感。要想这种引流方式取得比较好的效果，还要掌握另外两个技能点：加精准潜在用户和高转发传播文案的撰写技巧，接下来我们就重点讲解一下这两个技能点。

10.6 如何加精准潜在用户

利用微信小号分享自己的微信公众账号文章以帮助导流时，很重要的一点就是分享的文章能让潜在目标用户看到，这就要求你加到的微信好友最好都是你的潜在用户，那么如何精准加到潜在用户呢？可以采取通过垂直用户的 QQ 群进行添加，比如你的潜在目标用户是和旅游相关的，那么你可以先在 QQ 上搜索旅游相关的群，如图 10-3 所示。

图 10-3　通过 QQ 群找用户

如果在搜QQ群时发现有“进入”字样的，那就证明无需加群即可以游客身份进入，进入之后你就能看到群成员的QQ号，打开你的个人微信号，点添加好友，然后把相应的QQ号输进去就可以开始添加了。很多人的个人微信号是用QQ号注册绑定的，所以通过这种方法可以让你的微信好友中有更多的精准潜在目标用户。当然最好还是能通过营销手段或者运营手段让他们主动加你，比如很多互联网平台做社区时都会用添加小组功能，这样就可以把不同的人聚在一起。同样假设你的目标用户和旅游相关，那么你可以去豆瓣旅游小组发软文或者自己运营一个旅游相关的小组，当然这也要考验你的运营能力和文案撰写能力。

10.7 公众账号矩阵

通过微信公众账号矩阵的方式来吸引潜在目标用户也是增粉的策略之一，其实在申请微信公众账号之前我们就要想清楚要做什么，如果要做自媒体，申请一个订阅号就可以了；如果是企业运营人员，则至少要运营两个公众账号，一个是用来维系客户进行交互的订阅号，另一个是让目标人群通过导航找到各种信息和商品的服务号。如果企业有很多产品或者很多分销商，或者是要做市场行为，那就要采取多矩阵公众账号的战略。

怎么做多矩阵公众账号的规划？第一可以按照子品牌的角度进行划分，

像小米就是针对小米手机、小米电视、小米盒子、小米路由器等不同的子品牌产品来进行不同群体的个性化运营，它的好处是能细分目标群体，针对不同的目标群体进行个性化服务；它的弊端是需要付出更多的人力资本和时间成本；第二可以按照区域划分，很多企业有很多分销商、代理商或者分公司，他们分布在全国各地，各地的目标人群可能在风俗习惯和消费意识上都有所不同，所以要做独立的公众账号，这样运营起来更加具有针对性。而且总部很难做一个统一的账号进行总体运营；第三可以按照目标用户的具体需求进行细分，一般来讲会从订阅号、服务号、类媒体公众账号、还有专门圈潜在用户群的功能账号这四部分来进行组合做多矩阵规划。

比如一个叫菲欧娜的老师在做化妆行业，她可能需要申请一个“菲欧娜的化妆教室”服务号，让她的目标用户、粉丝对菲欧娜老师有所认知，且能够通过服务号的导航栏找到菲欧娜最新的开课信息、课程购买、心得分享等，这是用来做服务的。

此外，菲欧娜还需要一个订阅号，做订阅号时要作出两种选择，第一种是只做一个订阅号，并不断地和用户进行交互；第二种是按照目标用户的需求差异化做几个订阅号。比如有的人想学化妆、有的人想学护肤、有的人想学美甲，针对这三种人群可能要做3个公众账号，分别叫“菲欧娜老师的护肤分享”“菲欧娜老师的化妆分享”和“菲欧娜老师的美甲分享”。这样做的好处是把不同的人进行差异化的CRM管理，根据不同的目标人群进行有针对性的信息推送；弊端就是要付出更大的人力成本和时间成本。

刚才提到的类媒体公众账号是什么意思呢？比如关注菲欧娜的这几个公众账号，无论是订阅号还是服务号，首先有一个前提是对菲欧娜有一定认知，大多数人关注菲欧娜是因为知道菲欧娜的课程很好。对很多女生来讲，她们可能也喜欢化妆、喜欢护肤、喜欢美甲，而且想去看这方面的内容，却不知道哪个老师讲得好，那怎么办？此时，菲欧娜老师可能就需要做一个类媒体的公众账号来圈这部分用户，比如该公众账号叫“化妆微刊”“护肤微报”等类媒体的名称，其实很多人搜索化妆关键词时看到“化妆微刊”就会觉得是一个很高大上的媒体，觉得很专业，所以会关注。关注它之后你会发现“化妆微刊”发送的一些精彩内容到一定节点上就会推送菲欧娜老师的课程，从而帮助菲欧娜老师进行推广，其实这个账号就是菲欧娜老师的团队做的，这就叫类媒体公众账号，主要目的就是为了圈潜在目标用户。

还有一种是市场化操作特别大的，需要大量人员的公众账号推广。尤其是在培训行业特别显著。

比如说一个X老师是做营销培训的，他有很多课程。他的业务员分布在全国好几个省市，有很多人喜欢X老师的课程，也会通过微信公众账号去搜索营销、X老师等这样的关键字，X老师就会让业务员去注册非常多的跟X老师名字相关的微信公众账号，比如叫X老师的营销分享、X的营销培训、X的最新课程等，有这么多的公众账号，你会发现当你搜索X的时候就会出现很多公众账号，当你搜索营销的时候他排在前面的概率也很大。同样除了X老师，还有很多在营销界很出名的老师，比如Z老师。那X老师也会让他的业务员去注册大量跟Z老师有关的微信公众账号，大家搜索Z老师的名字也会发现很多公众账号是介绍Z老师的营销分享、课程等，然后点了关注。但实际上这些公众账号也是X老师做的，因为搜索Z老师的人其实也是X老师的潜在用户，所以通过大面积的微信公众账号矩阵规划来圈潜在的目标用户，这就是一个企业多矩阵公众账号圈用户的方式。

所以大家要明白自己的定位是什么，你是想做自媒体还是做企业运营。如果你是企业运营人员，那至少要做两种，一个是订阅号，和目标用户进行交互用，同时维护CRM管理，另一个是让更多目标群体关注之后可以自主浏览、帮助、找客服、找课程的服务号。如果你还需要圈用户的话就要做一个类媒体的微信公众账号。此外，如果市场化特别明确的话，你还要做竞争对手的公众账号，让目标群体去关注它，实际上是你在运营。

如果你要做自媒体，就要找一个很精准的差异化定位进行细分，比如你要做微信营销，就有很多的细分，你是要专注在二维码营销上、微信创业上、公众账号运营上还是微信的二次开发上，还可以做如何运营、微信运营师的认证、微信排版等，通过这样的细分你就可以在开始运营时聚焦一部分刚性需求的用户。

比如做微信排版，很多人会因为微信排版这个刚性需求去寻找各种帖子。比如你去论坛、去百度经验专门发布和微信排版有关的帖子，发完之后把你的二维码放上，很多人看到你的讲解后就会关注你的公众账号。但是你想做一个大而全的公众账号，比如你的公众账号叫做互联网信息每日一发，大概就是介绍互联网信息的，很泛的一个需求，很多人早就关注这方面的账号了，所以，如果不聚焦，你就很难圈起潜在用户。如果你聚焦在 BAT 的动态，通过这样的方式进行聚焦或者做 BAT 的招聘信息，很多大学生会因为有强需求而愿意关注。

10.8 互推的秘密

微信互推是加粉引流的策略之一，一般来说，互推微信的粉丝数量要差不多对等，并且用户群要有比较大的交叉，切记不要为了增粉而增粉，增粉要增的是目标用户，所以在选择互推搭挡时要看对方公众账号的属性，目标用户群和自己的用户群是否有较大的交叉，当然最好是同一拨用户。互推的方式主要有三种：第一种是在公众账号图文信息的开始进行推荐；第二种是在公众账号图文信息的末尾做推荐；第三种就是发软文，用单独的图文消息来进行价值传递。

如何找到可以与自己进行互推的公众账号呢？推荐大家去百度微信互推吧、互推微信群、互推微信 QQ 群之类的渠道去寻找合适的互推对象，在鉴别上多看看对方发图文的频率、图文观看人数再来判断有无互推的价值。

10.9 微信导航增加曝光

微信导航曝光实际上是把你的微信公众账号放在微信导航网站上增加

曝光的一种方法，常用的微信导航网站有聚微信、微信大全等，百度搜索微信导航网站即可搜到，然后把你的二维码发布上去就可以了。

10.10 微信群导流

微信群导流实际上是通过群内高质量的内容或名片的分享来实现引流的一种方式，做到这一点需要把握群内潜在目标用户的需求，对高质量文章的采编或撰写能力也有较高要求。你可以通过微信群互拉的方式拉对方进群，但前提是彼此群里面的目标用户是相同的，然后可以通过在群中挨个加好友的方式先将其变成好友，然后再慢慢地转化为公众账号的粉丝。也可以在群里分享一些对群中的朋友有高价值和吸引力的文章来进行引流推广。

10.11 圈子引流

圈子引流往往基于线下的会场和聚会中，如果你的目标用户在线下某一会场的交流当中，那么你可以去和他们交流然后进行微信好友互加，聊几次之后向他推荐微信公众账号来进行引流，这种圈子可以去豆瓣同城、脉脉 App、线下的大型讲座和交流会等地寻找，不能强推，需要深耕细作。

10.12 问答平台

问答平台推广的核心渠道是百度知道，百度知道是问答社区平台，有它的成长机制，因为是百度自家的产品，所以权重很高，自然排名很高，常常在网友搜索问题时能够以更靠前的位置进行展现。如果能够做好的话可以吸引非常大的自然流量，所以自问自答常常是一些初级营销人员采取的惯用手段之一，微信运营导流同样也可以采取百度知道这种问答营销策略，它需要你至少做两个百度知道的账号，一个用来提问，一个用来回答，并且要用不同的 VPN，关于 VPN 可以这样理解：百度不希望自问自答，百度希望的是网友发问后，其他网友来回答，所以它会做一些检测，如果你的提问和回答都来自同一台电脑的话，那么它会把你处理成自问自答而导致无法通过，所以最简单的换 VPN 的方式是更换 IP 地址，比如你在家中的电脑上把问题统一提好，然后去网吧回答，这样就会被百度默认为两个网友，提问的技巧是问题能覆盖比较多的潜在目标用户，如果提问的问题和你的潜在目标用户没什么关系或者问题太小众而没有多少人关心的话，这些问题就是不合适的，最好找到你的目标用户相对比较关心且搜索量比较大的问题内容来进行提问。当然如果有现成的问题那就可以直接回答，回答的技巧是一方面要有干货，可以解决很多问题，一方面又要留有悬念，意犹未尽的内容需要关注你的公众账号，回复某个关键词才能看到，这相当于构成了一个引流的闭环。

10.13 百度经验导流

百度经验是实用生活指南，常以图文形式来回答网友的问题，回答的质量比百度知道要高，所以也更容易让人信任，同样因为是百度自家产品，所以权重很高，在搜索结果中会以较高排名排在前面，做百度经验时肯定要比做百度知道更加专业一点，技巧和百度知道差不多，一方面解决问题，一方面留悬念，关注公众账号之后才能看到更全面、更专业的答案或者服务。

10.14 电子书导流

电子书导流是互联网营销中常用的一种小策略，它通过为目标用户提供极高的价值来换取用户的下载、观看，然后在电子书中暗留机关来进行引流。这首先要建立在用户看完电子书后对你非常感兴趣，非常认同，而且有收获的前提下，你的引流才更加有效，通过关注你的公众账号能得到更多的东西还是优惠政策就看各自的策略了。总之电子书是自动化引流的策略之一，内容不要太长，但是要非常有价值，做好之后可以放到百度网盘、豆丁文库等中间渠道提供给有需求的用户免费下载。

10.15 布局搜狗搜索

微信和搜狗战略合作之后，把腾讯搜搜一并给到搜狗变成了新的搜狗搜索，搜狗搜索将会收录微信上的文章，微信公众账号提供的内容仿佛一瞬间又回到了当年博客的那个时间点，很多人开始愿意为了好的内容而花时间去精心编写，无论是采编还是原创都将为微信这个生态内容贡献一份力量，这也意味着，随着各种订阅号、服务号提供的内容越来越多，价值越来越大，服务越来越个性化，搜狗的收录索引也会越来越健全，用户的搜狗搜索和微信上的搜索习惯慢慢被培养起来的时候，内容优质的团队将会获得大量来自于自然搜索的流量，也就是免费的流量，在传统的 PC 端我们叫它 SEO。那么基于微信搜索的 SEO 也要开始布局，每一篇图文消息都要思考，你希望用户通过什么样的关键词搜到你，那么你就要在标题。内容等处进行布局，有意识地增加该关键词的出现频率，围绕某一个主题从不同角度进行采编或者原创，这样搜索引擎能辨识到你是哪个领域的内容提供者，便于在搜索展现上有更好的排名，当然排名和你是否经过微信认证也有很大的关系，这也是申请微信认证的好处之一。也许基于某些关键词的竞价排名有一天会在微信搜索上进行商业化应用也未可知。

10.16 流量自上而下爆破

互联网运营中有两个常见的细分就是用户运营和内容运营，内容运营的内容来源往往是编辑采编或者邀请具有原创能力的作者进行生产，用户运营更多的是如何找到更多的用户，如何让这些用户用得更好且能持续关注使用，这其实是微信运营常见的两种模式。

内容运营的关键在于采编者的采编水准和实用性，这些决定了你吸引来的人的属性。拿皮肤护理来说，关注保养和关注治愈的是完全不同的两拨人，付费意愿也完全不一样，而如果你采编的内容涵盖了这两部分，那么你吸引来的人自然是分散的。如果你卖的是治疗青春痘的产品，那么成交率自然不如只服务一拨人高，所以内容运营上要想清楚你的定位人群，尽量从窄到宽，比如一开始只专注青春痘，然后再一点点扩充，尽量不要一上来就做大而全。

比如你想做一个本地生活的服务号，方便本地人进行自助查询，然后你提供了 100 种查询类目，什么交通查询、天气查询等，最终你会发现用户真正常用的只有那几种。所以一开始先把一种功能的用户体验做到极致，然后再做下一种，这种运营思路是比较好的。

用户运营要解决的是如何让更多的用户持续不断地用你的产品，比如关注你的公众账号然后经常去看你的图文消息等。这里主要跟大家分享流量自上而下爆破的一种策略。

在互联网用户运营中特别重视意见领袖，特别在乎自上而下的运营，比如新浪微博、腾讯微视的运营都是力邀各明星入驻，明星入驻之后，很多明星粉丝就会去体验入驻；再比如一些网站社区的运营，如果你这个网站需要创业者入驻，那么开始最好请最牛的创业者甚至是大佬到这个网站生产一些内容，这样你再找其他创业者就比较容易了。因为这些人心目中最牛的创业人都来这儿了，能来这里对他而言就是一种肯定，以此类推，往下碾压，最终形成一种社区氛围；媒体也是一样的，你会发现大媒体发布了一级信息，小媒体没有能力发布一级信息，就采编大媒体发布的信息，以此类推，小的公众账号会采编它上一级媒体的信息，这就是流量自上而下的爆破。

所以如果你要策划一些事件或者病毒营销，如果能使用流量自上而下的方式成功运作，那么将会在很短时间内获得大量的粉丝增长。比如你策划一篇软文，然后在朋友圈中测试发现转发效果还可以，那么此时就可以付费找一两个中等大号来帮你推广，然后再看数据，如果转发效果依然很好，那么你就可以找更多的大号来帮你推广，这里的关键是一定要测试看数据反馈。再比如你在微信上卖水果，那么你可以策划一篇软文说某公众账号微信卖水果月入数万，然后在一些垂直行业的大媒体和公众账号上进行付费推广，那么就会有很多小媒体对此争相报道，小公众账号在传播微信营销案例时就会举自己的例子，这样就会形成滚雪球式的曝光，这种运作的重点是产品真的要好，事实要和软文相符，否则宣传推广得越好，死得就越快。

10.17 资源整合

资源整合是快速增粉的策略之一，这里先为大家介绍三种模式：客户模式、资源模式和资本模式。粉丝增加得特别慢的人，基本上采用的是客户模式，资本模式对于大家来说又有些遥远，所以这里跟大家分享的是资源模式。在具体说资源模式之前，我想先介绍一个微信公众账号运营的实战案例，看看他们是怎么把粉丝从零运作到几十万甚至上百万的，然后，再来分析这几个模式的实战操作。

“招远生活通”是招远地区为当地及周边地区粉丝提供相应服务的微信公众账号，具体包括当地的天气预报、快递查询、火车班次、酒店、电影院等，这个账号现在有 100 万左右的粉丝，运作到今天这么多的粉丝过程非常艰辛，他们主要运用了以下几个策略来增加粉丝：

1）利用微信中查找“附近的人”，运营者一开始找了两个助手，让这两个人利用手机微信中“附近的人”这个功能在闹市区主动打招呼、加粉丝；2）利用不同生活类别的 QQ 号，通过 QQ 上的地域筛选功能来选择招远当地和附近的 QQ 号加好友，然后向他们推荐“招远生活通”微信公众账号；3）邀请自己的朋友、亲戚互相介绍，并到当地各个学校推荐给学生们使用，有的学生也会帮他们推广。这些方式让“招远生活通”两个月差不多增加了四五千名粉丝。

拥有了第一批粉丝之后，他们就有了资本开始进行资源整合、举办各种线下活动，比如联合当地的旅馆、餐馆、KTV、电影院一起送优惠券搞活动，等于免费给商家做广告，后来有了效果，这些小旅馆、小餐馆就愿意付一些费用了。慢慢地开始有一些酒店、餐馆、KTV、台球馆等商家主动找上门来谈合作，怎么合作呢？对"招远生活通"最有利的一点就是商家门口必须放上"招远生活通"的微信二维码大图片，进店的老顾客都可以扫描二维码参加优惠活动。这样就形成了一个良性循环，粉丝越来越多，愿意谈合作的商家也越来越多，越来越多的商家店门口放有"招远生活通"的二维码，雪球就此滚起来了。

那这些商家为什么愿意和"招远生活通"合作呢？一方面因为这些小商家自己不会运营微信；另一方面他们在某些时间段上很需要顾客，比如一些电影院上午场人很少，下午场上座率也不高，所以他们就联合"招远生活通"推出半价观影优惠活动，甚至还有上午场三折电影票等优惠力度，不仅大幅提高了上座率，而且减少了边际成本；除此之外，"招远生活通"还会积极参与当地的公益活动来进行自我推广，因为其本身就是提供便民服务的，所以参与公益肯定可以扩大影响。比如和当地旅游部门合作举办逛庙会、景区游览等活动，活动中扫二维码可以了解相应的详细信息。更值得一提的是，他们居然和当地的公交公司谈成合作，在公交车座位后背上放置"招远生活通"的二维码，合作条件就是"招远生活通"会在账号上免费提供公交线路、站点、早晚发车时间等信息，这样公交公司就会省去很多114查询的费用和麻烦，同样公交公司也会给"招远生活通"非常优惠的广告费；就是这样整合各种资源，坚持运营了两年之后，"招远生活通”的粉丝增加到了几十万人。

下面介绍什么是客户模式、资源模式。

客户模式是通过各种术的方法不断寻找新的客户；资源模式是你的客户一定也是别人的客户，比如“招远生活通”的客户同时也是某饭店的客户、某旅店的客户等，然后通过资源交换或利益交换的方式进行异业联盟。就像很多非竞争关系的公众账号，但粉丝属性的一致让他们组成联盟进行互相推广一样，这就是资源整合。靠资源整合模式可以让你的粉丝量呈爆炸式增长，当然这对微信公众账号运营者的整合能力要求也更高。

10.18 广告投放

广告投放是快速增粉的最直接方法之一，它考验的是运营者对投资回报的把握，这个和企业的 KPI 是有关的，多少预算换来什么样的结果，根据指标来评判是否需要进行广告投放，在哪里做广告投放。微信主要的投放渠道一个是腾讯的广点通，一个是找微信大号。腾讯广点通只要在微信公众账号上点击“广告主”，然后按照步骤提供相关证件就可以了。那如何寻找合适的大号呢？推荐大家去“微播易”这个社交化营销平台上去找，这里有清晰的报价且分门别类，是一个不错的精细化、社会化媒体营销平台。

10.19 二维码营销

这一节主要讲三个问题：1）什么是二维码，二维码的优势和应用场景；2）基于二维码的营销策划；3）二维码的推广。

二维码到底是个什么东西？二维码实际上是腾讯公司参考另外一个社交公具用来扫描识别其他二维码的身份，从而将其添加为朋友的一种方式，但现在已被各种商业化运用，而且演变为整个 020 营销模式下一个很重要的入口。二维码是在一维条码的基础上扩展出的一种具有视觉可读性的条码，利用特定的几个图形按照一定的规律把信息存储进去展现在二维平面上。二维码有很多种类，我们平时看到的二维码是矩阵式的二维码。相比一维码，二维码有哪些优势呢？1）信息容量大，传统的一维条形码只有大概 20 位的存储量，而二维码的存储量超出条形码几十倍甚至几百倍；2）支持多样信息，信息量不太大的声音、文字、图片等数据都可以进行存储；3）具有纠错功能，在图形因为穿孔、污损引起局部损坏时依然可以读取信息；4）读取更便捷，扫描即可读取；5）可以加密，信息进行加密转化为密文信息后生成的二维码就是加密二维码，在很多工艺中能起到防伪作用；6）易制作，成本低。

二维码的应用场景：1）追踪溯源——给产品打上二维码标识，就可以在生产和流通的过程中追踪溯源，能够起到产品线流程化、质量管理、成本控制等作用。很多零售产品是按地域分销的，有很多的分销商在分销过程中会互相窜货，为了避免这种现象，也可以利用二维码来追踪货源；2）凭证识别——比如从网上购电影票即可获得一个二维码做为现场取票的凭证，观看时在影院的终端扫描就可以拿到正式的电影票。在一些景区也是一样，二维码电子票、一票一码、用后作废。景区还可以利用二维码来做流量的控制及数据分析。在一些大型会议上，来宾签到的过程很难管理，此时，利用后台发送二维码电子邀请票，同时采用二维码扫描验证就可以轻松完成，数据统计分析清楚且效果高；3）资讯存储交换——比如大家常用的二维码名片。

接下来分析基于二维码的营销策划，很多想做网络营销的人可以多看一些基于微信的营销策划案例，对思路的启迪会很有帮助，目前基于二维码的营销策划主要有把二维码用作 ID、促销、导流、社交介质等方式：

1）把二维码作为 ID——传统零售行业竞争的重心之一就是终端店面，通过增加店面的数量扩大对目标消费群的覆盖规模，从而提升销售额。但现在很多零售店开始自动化，不需要人站在终端店里面。比如地铁中的自动卖水机、餐馆中的自动现榨鲜果机，扫一扫二维码即可实现。在星巴克，为了提高排队的效率，会建议用户安装星巴克的 App 并跟自己的储值卡绑定，在 App 上选择自己想要的咖啡然后生成交易结算的二维码凭证，拿凭证去找收银员，收银员一扫就可以从储值卡中扣除相应的费用。从营销策划的角度来讲，你要为一个企业做营销策划，把二维码作为 ID 既节省成本又提高效率。

2）把二维码作为促销方式——品客薯片做过一个活动，第一步要你安装品客薯片的 App，第二步选择你要演奏的乐器和音效，第三步动动手机即可演奏，但是你想要增加新的乐器就要在 App 上选择新乐器，同时需要购买薯片然后扫包装盒上的条码才可解锁新的乐器，这是品客薯片很新颖的促销方式。比如我们小时候吃过的小当家方便面，为了集齐里面的水浒卡而把零花钱攒起来购买小当家。而今天基于二维码的促销方式也可以类比小当家，即如何使用二维码达到让客户反复购买的目的。

3）把二维码作为导流工具——很多人会把公司或自己的公众账号二维码放在各个渠道中让更多人来关注，无论是导流到 QQ 群还是付费用户，都起到了导流的作用。像很多大海报、路标广告，除了有简单的文案外还有一个二维码，形式很简单，但从营销策划角度来讲，你要考虑二维码配合什么样的文案、色彩以多大面积放在哪里，才能获得最高的转化扫码率。

4）把二维码作为社交介质——你要考虑的是如何通过二维码让你的用户、会员彼此之间产生社交，比如某些蛋糕店会在包装袋上放一个二维码，客人购买之后扫描二维码即可输入你的祝福信息，输入信息之后把蛋糕送给你想送的人。收到蛋糕的人通过扫描二维码就可以看到你对他的祝福，现在看来这也是比较新奇的一种方式，很多女生都会喜欢。

还有一些酒吧也把二维码作为社交介质，客人进店时他会在其手臂盖上一个二维码图形，晚上 8 点扫描二维码即可获得酒吧的优惠和折扣，晚上 10 点到次日 6 点扫描可以看到的网页内容是出租车呼叫服务电话，早上 6 点到下午 4 点扫描二维码，可以看到网页内容是提醒你回家睡觉或提供解酒秘籍等内容。实际上这种介质不是客户与客户之间，而是客户与酒吧之间的一种社交。

那客户与客户之间如何来做社交？

比如一个大型酒会，参加的人员众多，其中有很多单身人士，但又不善与陌生人直接交流，这个酒会选择了这样一种方式——建议大家买一瓶挂有二维码的啤酒，用手机扫描标签，然后输入你想对别人说的话，输完之后把二维码挂到酒瓶上，让服务员帮忙把酒送给你指定的那个人，收到酒的人只需要扫描二维码就能接收到你的信息。很多商家会把二维码作为社交介质让客户之间有更好的体验。

基于二维码的营销策划最重要的是思路和创意，明确二维码在营销中所扮演的角色。二维码在营销策划中扮演的角色不同，你的创意也会有很多的不同，比如当你把二维码作为社交介质的时候，怎样让你的用户通过二维码彼此之间产生关系，不同人的想法、策划、灵感都不一样。如果你把它当做促销方式，怎样让更多的人买你的产品，不同人的营销策划也会不同。所以明确二维码在营销策划中所扮演的角色之后，再按照这种模式来思考，你就会有很多的创意和策划。二维码的呈现方式中最普通的是黑色， 你也可以在呈现方式上选择不同的颜色、大小、平面还是立体等，这些是视觉上的创意。

基础比较薄弱的同学不知道如何把信息存储到二维码里面，其实在手机端用微信把自己的头像或手机号码生成二维码后，一键操作就可以了。比如你写一篇文章或者一篇博文，那怎么把这样的信息生成二维码呢？最简单的方式就是利用在线文本二维码的生成器，包括文本、网址、名片、微信、文件、图片等，比如在文本中输入“玩转微信需要四大技能点”，输完之后点击“生成二维码”，在右侧就会生成存储信息的一个二维码，还可以通过颜色、模板对二维码进行简单设计。

那怎么把网站存储成二维码，一种方法就是刚刚提到的，点击二维码生成器"http：//cli.im/text"这个网站，把你的网址输入进去就会生成你的二维码，把二维码设计好之后打印出来贴在蛋糕包装上，别人一扫就可以扫到这个网站，这个网站就会自动播放声音祝福。

二维码的推广有四种流量走向模式：

1）从线下媒体将顾客引导到线上的搜索平台。一般体现在商家有自己的线下店，比如一些餐饮店用易拉宝来展现二维码的文案和图片配合，大家关注之后餐饮店会不断地发送他们的促销、新品等信息，如果你想吃饭可以直接订购，还可以搜索商品等。这是一种零成本的媒体推广，只需通过易拉宝甚至是桌子上的二维码。

2）将线下关注引导到线上交易。很多时候顾客的购买决策链条很短，所以将通过线下关注的客户引导到线上就可以进行交易。比如你去商场试衣服，试完之后你想在网上看一看，这对商家来说就损失了一个用户，因为这个用户一旦走了之后再回来的概率是很低的，导购就会让你扫描这件衣服的二维码关注这件衣服的信息、动态、尺码、新品，当你看到线上有促销活动时就可以直接在线上交易了。这种二维码的导流方式保障了人走但生意未必走。

3）将线上搜索行为引导到线下实现交易。用户购买线下产品时，有时也会通过线上的搜索来选择，比如团购的餐饮、KTV 优惠券，这是很多商家都在做的一种模式，将线上搜索直接付款的用户引导到线下实现交易。

4）将各种线下机会引导到线上的社会化媒体中分享。这是非常好的一种方式，很多目标用户的朋友圈就是我们的目标用户，因为既然能成为朋友肯定在某些方面有共同属性。所以目标用户的朋友圈中有 10% 甚至 20% 都是你的目标用户。要学会利用目标用户的社交媒体来帮助我们进行店面或公众账号的宣传。

二维码的推广策略：本章总结出最实用的六点，其中的一两点如果适合你，把它做到极致就可以了，无需学习特别多的推广策略。

1）草根式线下宣传——成本最低，比如发传单。关键点在于人家为什么要扫你的码！把文案做好之后转化率才会高。最近关于面巾纸的话题引起大家的讨论，那面巾纸能不能变成下一个分众传媒，我们知道分众传媒如电梯里的广告，如果乘坐电梯很无聊看广告会是一个不错的消遣。那么同样面巾纸能不能做下一个分众传媒呢，实际上是可以的，只要能说服生产面巾纸的公司把其他商家的二维码放在面巾纸上，你就可以向商家收费了。这样面巾纸厂家的价值就会变成一个分众传媒；

2）目标用户聚集地——软文 + 二维码。关键点在于软文的质量！软文的内容质量要高，如果看完之后没什么价值自然就不会有人扫你的二维码；

3）在微信导航平台上进行推广——在搜索栏里搜索微信导航，可以看到有很多做微信导航的网站。你可以把你的微信账号、二维码发布上去，就可以吸引一些流量，目前来看可以使用；

4）门店推广——比如把二维码放在餐馆的桌子上、门口处、易拉宝上等；

5）商品标签推广——比如在当当网购买书籍，寄来的袋子上都有它的二维码，我们也可以在每一个推广的商品上都贴上二维码。但当当网还不足以激发人们的扫码欲望，关键点还在于，别人为什么要扫你的二维码。

一定要把这个问题搞清楚；

6）广告推广——如果在腾讯的广点通打广告，只要把二维码和文案配上就可以了，因为它是按点击量收费的，但大多数人可能不会点击，直接扫码即可，这样他既可以成为你的目标用户，又无需你点击费用。

如果你没有门店、没有商品也没有财力做广告推广，通过二维码的推广方式就有三种：1）草根式线下宣传、发传单；2）目标用户聚集地推广；3）在微信导航平台上进行推广。实际上很多自媒体人都在用第二种方式，如果他运营的是跟互联网相关的公众账号，他就可以在互联网媒体上多写一些互联网的干货，放上二维码或者是微信号，通过这样的方式来导流即可。

10.20 万剑归宗

各种营销策略都是辅助手段，万剑归宗的是产品，任何营销的基础都是好产品，任何营销的关键都是做好产品，任何营销的最佳传播方式都是口碑营销，所以万剑归宗，花更多的心思去理解你的目标用户，不断地用心迭代你的产品，服务好你的目标用户，在此基础之上进行营销的裂变，才是王道。

10.21 勿入歧途

最后还有一个特别需要提醒的是：千万不要走进拼命加粉的歧途当

中，以为微信营销就是不断地加粉就大错特错了，粉丝并不是越多越好，而是质量要比数量高。如果做微商的话，有 500 个忠实粉丝就足够了。有的人是做旅行社的，其转化率平均约千分之一，所以就拼命地加好友，然后努力转化，这种模式延续的还是传统电商的思路，最终是会被流量卡死的。

再给大家举一个例子：有一位化妆老师叫菲欧娜，她在微信公众平台的营销策划案例非常有价值。

1）确定营销策划目的——把更多微信公众平台的粉丝转化为 299 元的付费用户；菲欧娜之前有一个微信公众平台叫菲欧娜的化妆教室，不到 500 个粉丝。她在多贝网上有一套专业的化妆课，内容质量特别高，售价是 299 元。

2）明确现有资源——第一，400 个微信公众平台的粉丝用户；第二，菲欧娜老师；第三，高质量的专业化妆课程。

3）用户分析——第一，用户主要在微信公众平台上，微信公众平台是用来做服务的，直接促销的话会有点生硬，不利于高转化率；第二，女性用户购买具有冲动性，所以我们决定利用讲座＋促销的方式；第三，微信公众平台上还有好多人没有听过菲欧娜的课程，直接听一次讲座就有高转化率的可能性没有那么高，所以我们决定赠送给这些人入门级的化妆课程。

策划营销方案：

1）微信公众平台群发消息，加群赠送入门级化妆课程，目的是把流量引到可以随时交流的 QQ 群中，并且让他们先看菲欧娜的入门级化妆课程，对课程有一个初步认知；

2）通知他们当天晚上 8 点有个大讲座，准备好讲座介绍发给他们；

3）为了尽可能让报名的人能够准时参加，需要他们填写电话号码和昵称的相关表单；

4）利用讲座通举办大讲座，时常大约在 40 分钟，在结尾时进行促销，促销方案为限时一小时降价 50 元。

策划方案的执行：

菲欧娜老师 299 元的化妆课程截止到推广完毕共有 134 人购买。

首先登录微信公众平台，直接在微信平台发布一条促销信息，结果订单为零。有了这样一个测试之后，工作人员马上开始按照活动策划的方案执行，首先对图文消息的题目做了优化，一个人可能关注多个公众账号，每天接收到的内容也有很多，如果你的题目没有吸引到他们，那么打开率就会很低。所以在题目、图案上做了一些设计，直接就是“福利来了，免费赠送课程”，用户点进去之后即可看到要赠送的课程截图，然后是文案：这套入门初级课程要赠送给大家，索取方法非常简单。1）加入菲欧娜的美妆三群（群号），加群时一定要备注来自微信（这样是为了统计微信可以带来多少流量）；2）找到群里的管理员留言，联系管理员，管理员就会把这个课程送给他，超级简单。

同时我们写了一个新课速递。比如今天晚上 8 点菲欧娜老师将举办线上免费直播大讲座——关于夏季保养美容护肤方面的课程，这个主题的设定是经过对菲欧娜的粉丝进行问卷调查得出的结果。大家在做营销时制订的策划方案要有很多的数据、调研做支撑，而不能凭空想象。除此之外，“在家能上网就可以参加，不过需要提前报名，报名方法也是把QQ号和手机号发给管理员，系统就会把邀请码发送到你的手机上。报名截止时间是晚上7点，名额快满了，感兴趣的赶紧参加吧。”这就是一个简单实用的微信公众平台群发信息的文案。

菲欧娜老师当时只有将近500个粉丝，但是最后加群的大概有80多个人，从微信公众平台到QQ群的转化率大概是20%。加群之后会介绍并赠送课程，为了让学生能及时地学习课程，我们还会留一些作业让他们完成。紧接着会在当天晚上给他们发大活动的宣传，因为很多人看完微信公众平台的新课速递内容后慢慢会忘记，所以我们需要强调一下把这个发给他："菲欧娜美妆秘籍大公开"的活动详情，上妆不易保养不易，且保且珍惜，这个标题结合了文章的热点，夏天就要到了，露肉的季节翩然而至，除了减肥，皮肤的质感也很重要，如何让皮肤达到最佳状态呢（经调查发现很多人对此是有疑问的），怎样卸妆才能卸得最干净，选择卸妆洁面、面部按摩、乳液、精华产品有哪些注意事项呢？正确的护肤步骤又是什么呢？这些内容将在这次活动中一一解答。这几个问题是我们经过调查之后发现提问最多的问题，所以我们把这几个问题做到文案中最醒目的地方。很多人在写文案时都是凭直觉、靠想象、靠创意，实际上我们更多地要跟目标用户沟通，把他们的疑问列出来才是最能打动他们的地方。这个活动实际报名的人有80个左右，最终来参加的有60多人。

那场活动中，从菲欧娜的后台可以看到菲欧娜美妆秘籍大公开课的回放。最后有一个课程的限时优惠促销，限时活动的方案很简单，就是限时降价50元，原价299元，限时一小时249元。还有一个198元的课程，限时 148 元，这是一个促销方案。最终购买 299 元课程的有 6 单，购买 198 元课程的有两单，从最初来的人到最终购买的人平均转化率在 12% 左右，这个转化率在活动策划中是相对偏高的。

整个过程从策划到执行可能几段文字就介绍完了，但是过程中有很多细节的东西，包括对用户的了解、调查，整个流程的设计，促销方案说明什么时候提出、怎么提出，都有很多细节需要注意。虽然一个微信公众平台只有 500 多位粉丝，但仍然可以通过不同角度的内容和服务持续不断地带来转化收益，如果这 500 个粉丝是铁粉的话，那么就会有更多的收益了。所以大家一开始不要盲目加粉，要学会不断提供价值来经营粉丝，把潜在用户培养成目标用户，把目标用户培养成付费用户，把付费用户培养成粉丝，把粉丝培养成铁杆粉丝，所以先用心去经营培养出 500 个粉丝，你会发现，收益转化就会变得很容易。

附录

微信相关常见问题解决手册

本手册整合了腾讯客服、互联网等常见的 100 个疑问和解答，希望这 100 个问题和解答能够对基础很薄弱的人能有所帮助，大家也可以关注我的微信公众账号：liuyanpindao，回复"100 问"这个关键词来观看，部分答案因微信本身的更新会出现相应的变化，仅供参考。

1. 微信号申请要注意哪些问题

答：微信号是登录微信时所用的账号，支持 6-20 个字母、数字、下划线和减号，必须以字母开头，也可以以英文字母和数字的组合命名，类似于 QQ 号码，设定后只有一次修改机会，好友可以通过该微信号搜索到你。

微信昵称与微信号不同，微信昵称属于微信的别名，设置昵称可以让朋友更容易识别出你，昵称允许多次更改。微信号可以与 QQ 号、手机号码绑定（必须绑定一种，也可以同时绑定 QQ 号和手机号），如果绑定 QQ 号，微信即可使用与 QQ 相关的业务，并通过查询 QQ 通讯录发送加入微信的好友提醒，也可用 QQ 号直接登录微信；如果绑定手机号，微信即可使用与手机相关的业务，并通过查询手机通讯录发送加入微信的好友提醒，也可用手机号直接登录微信。已经开通微信的 QQ 好友或者手机通讯录的朋友都是你可以添加的对象，添加以后即可实时对话。微信是手机通信软件，可以通过手机网络免费发送语音短信、视频、图片和文字，可单聊或群聊。微信支持 ios、Android、WP、塞班、黑莓等多种平台手机。

2. 微信号如何注销已经绑定的 QQ 号或者手机号

答：1）首先确定你的微信是最新版本的；2）登录你的手机微信，在设置中找到退出登录，然后点击，确定退出；3）点击退出后出现登录微信的界面，在界面的右上方有切换账号，点击一下，切换到 QQ 账号登录，然后将其注销，输入密码即可完成。

3. 附近人为何看不到我的签名和个人相册

答：这其实不是用户自身的问题，而是微信的终端延迟，没有及时更新用户信息，估计要等到下个版本更新才可以解决这个问题。

4. 怎么用微信群发助手群发信息

答：1）打开微信以后，点击底部“我”栏目，再点击“设置”选项；2）在设置列表中点击“通用”选项；3）在通用列表中点击“功能”选项；4）在功能列表中找到群发助手，点击进入；5）接着点击“启用该功能”

按钮；6）功能开启以后，点击“开始”选项；7）接下来在助手窗口中点击“新建”按钮；8）此时会显示微信通讯录中的联系人，选择想要多发的朋友，点击“下一步”按钮；9）最后输入想要发的语音或是文字消息，发送就可以了；10）日后要想快速打开助手的话，可以直接在微信中搜索即可。

5. 忘记密码，如何找回

答：入口找回密码，用E-mail注册的用户，如果注册后未在有效期内验证邮箱，则可以通过绑定的手机号、QQ号等方式找回密码。

6. 我的微信号和昵称有什么区别

答：微信号是您在系统中的唯一识别号，必须大于或等于6位，注册成功后不可更改；昵称是您微信号的别名，它可以让您的朋友更容易识别出您，允许多次更改。

7. 微信对讲有距离限制吗

答：微信对讲不存在距离限制，即使是在国外的好友，也可以和您一起使用微信对讲。

8. 如何注册微信账号

答：目前您可以通过QQ号直接登录注册，或者通过手机号、邮箱账号注册微信。

9. 如何找到我的好友

答：可以通过查找好友微信号的方式找到好友，系统也会发消息告知您有哪些好友正在使用微信，你只需回复即可将他们添加到好友列表。

10. 如何删除聊天记录

答：可以删除单条消息，也可以删除会话。触屏手机上通过长按消息或会话的方式删除，有按键的手机则可以通过选项按钮找到删除入口。

11. 如何知道对方是否阅读了我的信息

答：无法知道。信息是否是已读属于个人隐私，腾讯希望给您一个轻松自由的沟通环境，因此平台不会将信息是否已读的状态进行传送。

12. 退出客户端以后还能收到消息吗

答：退出微信时会提示是否继续接收消息，如果选择不需要，微信将完全退出且不接收消息。

13. 用手机号注册微信号，验证无法通过怎么办

答：目前微信支持中国大陆、香港地区、台湾地区、美国、韩国、日本等 100 多个国家和地区手机验证码的下发，下发过程中有些地区可能会有所延迟，建议您耐心等候或根据以下方式操作后再重新验证：1）检查国家和地区是否选对，必须是手机号码归属地所在的国家地区。例如我的手

机是中国香港移动，则要选择 +852 香港；2）检查手机号码是否正确，选择好归属地后，只需在手机号输入框中输入 9152****，无需输入区号等其他信息。

14. 绑定微信号的手机号不用了怎么收到验证码

答：如需更换微信绑定的手机号，先将目前绑定的手机号设置为“停用”，然后再重新绑定新的手机号即可。操作步骤如下：

第一步：登录微信后选择“设置”—手机通讯录匹配—停用；

第二步：点击“启动”—输入需绑定的手机号码—输入手机收到的验证码即可。

更换手机绑定的微信号，操作步骤如下：

第一步：登录旧微信号后选择“设置”—手机通讯录匹配—停用；

第二步：登录新微信号后选择“设置”—手机通讯录匹配—启动—输入需绑定的手机号码—输入手机收到的验证码即可。

注：4.0 及之后的版本微信，如果是用手机号注册的微信账号，是不支持更换 / 解绑手机号的。

15. 微信朋友圈分组可见的作用和使用方法

答：1）打开微信，选择设置； 2）选择隐私；3）选择朋友圈分组；4）选择新建分组；5）选择该组的成员，然后确定；6）起一个组别名称，完成；7）如果想修改组内成员，可以点该组别进入，如果想删除组别，可以点编辑；8）分组设置好后，当发表朋友圈时，可以选择可见范围——如部分分组可见或者公开。

16. 微信号绑定的手机号忘记了怎么办

答：请根据以下方式三种方式操作：

如果已经绑定邮箱，可按如下步骤操作：1）已设置独立密码，可直接通过微信号＋独立密码登录；2）未设置独立密码，可通过以下两种方式设置独立密码后登录——a. 在登录界面输入微信号，点击“忘记密码”—通过手机号验证码或邮箱重设密码；b. 通过电脑登录 weixin.qq.com—忘记微信账号或密码—通过手机或邮箱修改。注：找回后可以通过邮箱 / 微信号＋独立密码登录。

未绑定邮箱，可按如下步骤操作：登录微信官网 http://weixin.qq.com/，通过“申请关闭账号保护”自助关掉账号保护开关即可，请通知不少于 1 位备选好友在 12 小时内发送验证码（申请关闭账号保护时页面显示的验证码，将该验证码告诉好友，让好友将该验证码发送到您的微信号上），验证后后台会进行审核，48 小时后通过登录官网对验证进度查询即可。温馨提示：无论是否设置独立密码，都可以进行申请关闭账号保护。

申请关闭账号保护功能，登录官网点击“申请关闭账号保护”，通过提示申请关闭账号保护。（微信号必须和 QQ 号码绑定才可以使用该功能）。步骤如下：1）使用与微信账号绑定的 QQ 号登录；2）关闭账号保护需要验证与微信绑定的手机号；3）通知备选名单中的好友（不少于 1 位），让好友发送验证码到用户微信号进行审核；4）当回复验证消息的好友达到指定数目后，官方将根据请求关闭账号保护功能，您随时可以进入申请页面查看验证进度。

需满足以下条件才可成功解除：提交关闭账号申请后的两天，微信号没有登录成功过，如果在提交关闭账号申请后的两天内该微信号有登录过，申请就会失败。

温馨提示：1）好友验证需要在 12 小时以内发送验证码，如超过 12 小时需要重新申请；2）申请解除账号保护的微信号收到验证码后，系统会在 48 小时之内审核。

17. 微信个性签名可设置多少个字

答：使用微信编辑个性签名，最多可设置 30 个字。

18. 微信每天捡瓶子和扔瓶子的次数是多少

答：目前微信版本支持每天捡、扔瓶子各 20 次。

19. 微信可录制多长时间的语音/视频

答：视频：iPhone 及 Android 版本下的微信可录制时长 30 秒，iPad 版本的微信可录制时长为 10 秒；语音：所有版本均可录制最长为 60 秒的录音。

20. 什么是二维码名片，如何使用

答：微信二维码名片即通过一张图片载入微信个人基本资料，设置方

法如下：

登录微信后选择“找朋友”—“秀”出我的二维码，根据个人需要设置图片样式，选择在腾讯微博/QQ空间上进行分享即可。

二维码扫描添加好友，如果您在空间或微博上看到某一网友的二维码名片，想加对方为好友或打招呼，操作方式如下：

在手机上登录微信后选择“找朋友”—二维码扫描，将摄像头对准二维码图片2～3秒，即可识别并加载对方微信的基本资料，还可以向对方打招呼或加为好友。

21. 如何退出微信群

答：各平台版本退出微信群的操作方式如下：

Symbian：微信—群组—选项—删除并退出；

Android：微信—群组—点击右上角多人头像—右上角会话操作—删除并退出；

iPhone：微信—群组—点击右上角多人头像—删除并退出；

Windows phone：微信—群组—点击右上角多人头像—点击底部的操作栏—删除并退出。

22. 为何微信聊天记录会出现一个红色感叹号

答：聊天信息中出现红色感叹号，说明该信息由于网络原因发送失败了，请您稍后重新发送；如此问题出现时间较长，请您更改手机网络接入点（比如Wi-Fi）再重新登录微信即可。

23. 微信未读信息可以保留多长时间

答：如在未登录微信情况下，好友发消息给您，未读消息后台会为您保留3天。

24. 退出微信后重新登录，之前的聊天记录还存在吗

答：聊天记录是不会被删除的，重新登录依然可以查看之前的聊天记录。

25. 微信公众平台微信认证的作用

答：微信认证是微信公众平台为了确保公众账号信息的真实性、安全性，而提供给微信公众服务号进行认证的服务。

1）微信认证后，可获得更丰富的高级接口，向用户提供更有价值的个性化服务。

2）微信认证后，用户将在微信中看到微信认证特有的标识。

3）微信认证后，公众号可以申请微信连接Wi-Fi功能。

26. 公众平台如何申请微信认证

答：微信公众账号申请微信认证，有以下两种方式，可根据页面提示操作。

方法一：进入微信公众平台—设置—微信认证—开通。

方法二：进入微信公众平台—设置—公众号设置—账号详情—申请微

信认证。

微信认证方法操作如下。

1）同意协议：同意并遵守《微信公众平台认证服务协议》。

2）同意命名规则：如果你申请的认证账号名称不符合以上规则，会有审核人员与你沟通修改，符合规则后才能通过认证审核。

3）填写资料：选择企业/网店商家/媒体/政府及事业单位/其他组织类型，填写相关资料。

4）填写发票：需要开具发票时填写相关信息，不需要发票请选择“不开具发票”可以直接保存订单并点击下一步。

5）支付费用：有两种支付方式，第一，微信支付—用微信扫二维码完成支付；第二，银行卡转账—使用企业对公账户打款到腾讯公司的对公账户。

27. 微信认证资费的相关问题

答：微信认证—微信公众平台申请微信认证，需一次性支付300元的审核服务费用。认证无论成功与否，都需要支付给第三方审核机构的成本费用（审核服务费）。

温馨提示：若认证审核失败，审核费用不予退还，通知中心会提示您补填资料的最后提交期限，详情请留意微信公众平台通知中心。

认证的有效期—微信认证成功后，该公众账号的名称、认证标识及认证信息将被保留一年（自认证成功之日起计算，一年内有效）。

如何知道年审/时间/有效期—微信认证完成时，即会在微信公众平台上显示下次年审的时间，认证到期前 3 个月会通过微信公众平台的通知中心提醒用户需要进行年审。

认证年审—微信认证的年审认证流程、资费、审核标准与首次认证一致；微信认证年审时，需重新填写资料，但会保留上一年的信息，届时可以修改；如果未进行年审，认证标识及认证信息将会被取消，账号名称可能会被强制更改。

28. 微信认证审核问题

答：审核时间—微信认证能否通过取决于您提交（补交）的材料是否完整、及时，还请积极配合腾讯公司及第三方审核公司的审核需求。

微信认证审核时间还取决于微信认证支付费用的方式，如果选用微信支付，支付成功后，以通知中心收到消息日算起，会在 15 个工作日内进行微信认证审核；如果选用银行转账支付，分两种情况，第一，企业对公打款，在收到款后 5 个工作日内进行微信认证审核（包括非本企业账号打款，如 A 公司提交认证，使用 B 公司打款）。第二，个人账号打款，收到款后会在 15 个工作日内进行微信认证审核。

注：名称审核的时长，还与您设置的公众号名称是否符合命名规范有关，具体名称审核情况请以通知中心的提示为准。

如何查看审核进度—微信认证进度查询方法如下：进入微信公众平台—设置—微信认证—查看订单，点击进入即可查询认证状态；此外，也可以拨打第三方审核公司的客服热线咨询审核进度。

温馨提示：申请微信认证后，您会收到资料受理的相关通知，在"通知"

中您可以查看第三方审核公司的客服热线。

审核机构联系方式—腾讯公司根据用户的申请及其提交的资料和信息，将委托第三方专业资质审核机构进行审核，并根据审核情况确定认证结果和认证信息的服务。审核公司热线电话如下.

上海倍通企业信用征信有限公司，电话：021-33977660，咨询时间：周一至周五 8:30-17:30；

北京知道创宇信息技术有限公司，电话：028-85182726，咨询时间：周一至周五 9:30-18:00；

长沙公信诚丰信息技术服务有限公司，电话：0731-88845400，咨询时间：周一至周五 8:30-17:30。

审核中是否可以修改资料—微信认证资料正在审核中，若需修改认证资料，请联系第三方审核公司进行修改。

29. 为何要新增银行卡转账的支付方式，比原来的认证流程有什么优化

答：为了方便公众账号运营者缩短申请微信认证的审核时长，腾讯公司新增了银行卡转账的支付方式，推荐运营者使用企业对公账户打款到微信团队的对公账户支付审核费用，该支付方式能免去原来审核环节中小额打款给申请企业的对公账户来验证的步骤。

原验证环节由于受不同银行到账时间和回传收款凭证的影响，总的审核时间可能会需要 15 个工作日；如使用新支付方式，且用户提交的企业资料等信息无误，资质认证审核的时长可以缩减到 1 ～ 5 个工作日。

30. 个人银行账户/非认证填写的对公账户打款，能否缩减审核时间

答：使用微信认证填写的企业对公账户打款，是因为微信原认证审核流程中涉及对公账户小额打款，用户回传凭证等审核环节，需要花费较长时间才能验证到企业的合法性和真实授权。

温馨提示：如果使用个人银行账户，或其他对公账户（非认证填写的对公账户）进行打款，就无法核实是企业资质身份，腾讯公司确认收到后，会按照原微信支付的审核流程进行对公账号小额打款的确认，无法缩短审核时间，会在15个工作日内完成审核。

31. 为什么打款给腾讯的银行账户有25位？后面10位数字是什么

答：通过对公账号打款到腾讯公司的对公账号，需填写15位数的银行账号和10位数的客户编码。

用户选择用对公账户打款的方式，公众平台的认证流程页面上就会自动显示他的客户编码。

后面的10位数字是代表公众号的唯一识别码，打款的时候必须一起输入。

如果客户编码填错，系统就无法自动识别是哪个公众号发起的付款申请；当然，万一这个环节输错，只要用户备注信息同时填写了公众号的唯一ID，后续还可以通过人工查询到是哪个公众号的认证费用。

32. 为何无法通过“银行卡转账”方式支付

答：微信认证支付方式于 2014 年 6 月 23 日全面升级，如果在系统升级之前已填写相关资料，则无法拉取新系统支付方式，还请您通过微信支付进行付款。

33. 打款时，收款方联系人信息怎样填写

答：银行卡转账时，打款输入的联系人和联系电话如下：

打款输入的联系人：腾讯公司。

打款输入的联系电话：0755—83768788。

温馨提示：用户打款成功后，腾讯公司会在 1–5 个工作日内审核，收到款项后会在公众平台“通知中心”进行提醒。

34. 为什么要进行微信认证年审

答：微信公众平台开放的接口权限、微信支付商户功能等高级功能都依赖于微信认证资质认证结果，为了保证拥有相应权限功能的公众号是合法可信的企业/组织。一年后企业资质证件、相关运营人信息可能出现变更。为了保证使用公众平台高级功能权限的账号依然是合法可信的企业/组织，微信认证每年都需要进行年审。

35. 如果账号未完成年审认证，哪些功能会受影响

答：如果微信认证到期未进行年审，认证标识和高级接口权限将会被

取消。

1）订阅号将无法使用自定义菜单、广告主功能；

2）服务号的高级接口、多客服、微信支付商户、微信小店、广告主将会被停用。

注：如果微信认证到期（未进行年审），之前微信认证的公众账号名称将会被保留。

36. 微信认证年审时，主体（企业/组织）全称为什么不能修改

答：认证主体变更，可能出现相关商业收入被盗取到其他企业/组织的情况；同时他人关注公众号是因为它是A企业，如果突然变成B企业，也会降低平台和账号对用户的公信力。因此，微信认证年审时，认证主体（企业/组织）全称不支持修改。

37. 微信服务号认证过后有哪几大接口

答：有9大高级接口，分别是语音识别接口、客服接口、OAuth2.0网页授权、生成带参数二维码、获取用户地理位置、获取用户基本信息、获取关注者列表、用户分组接口、上传下载多媒体文件。

38. 微信公众平台认证后的服务号和订阅号有什么区别

答：服务号微信认证后公众号头像、及详细资料中会显示“V”，同时增加高级接口权限（获取用户基本信息、客服接口、语音识别等）；订阅号微信认证后公众号头像、及详细资料中会显示“V”和自定义菜单，但是，

认证后的订阅号无权拥有高级接口。

注意：认证后订阅号及服务号群发信息数量不变，但服务号微信认证后通过客服接口，公众号可以在用户发送过消息的 24 小时内，向用户回复消息，前提是在用户主动发送请求下。

39. 微信认证时对认证公众号名称有何要求

答：微信认证时需要填写认证后的公众号名称，认证的公众号名称必须与营业执照和组织机构代码证的公司名称一致或基于公司名称之上的名称才可以，如果认证的名称和营业执照上的不一致或者不相干则无法完成认证。

40. 认证过后的微信公众号名称能不能修改

答：可以修改。

1）申请修改公众号名称的公函（盖企业公章）；

2）公众账号（QQ 号码 / 邮箱）；

3）公众账号原始 ID(在公众平台“设置”账号信息中即可查看）；

4）原公众账号名称；

5）需设置的公众账号名称；

6）新公众账号名称基于的命名方式及对应的资料；

7）公众账号运营人员身份证照片；

8）如涉及商标修改、公司主体（名称）变更，需提供商标注册证、企业工商营业执照、组织机构代码证扫描件。

注：重新修改公众号名称，在资料齐全的情况下审核时间为 3 个工作日，不包括双休日。

41. 微信认证费用可以开发票吗

答：可以开具发票，发票由腾讯公司开具，在微信认证勾选“开具发票”时，可选择“普通发票（定额发票）”或“增值税专用发票”，选择发票类型并根据页面提示填写相应资料后，腾讯公司则会开具发票，邮费由腾讯公司承担。

42. 公众平台如何群发信息

答：登录微信公众平台（https://mp.weixin.qq.com）功能—群发消息—根据需要填写文字 / 语音 / 图片 / 视频 / 录音等内容后，选择对群发对象、性别、群发地区发送即可。

43. 公众平台群发都支持哪些内容

答：目前支持群发的内容包括文字、语音、图片、视频、图文消息。

44. 公众平台群发消息的规则 / 限制有哪些

答：1）订阅号（认证 / 非认证用户）1 天只能群发 1 条消息（每天 0 点更新，次数不会累加）；

2）服务号（认证 / 非认证用户）1 个月（按自然月）内可发送 4 条群发消息（每月月底 0 点更新，次数不会累加）；

3）上传至素材管理中的图片、语音可多次群发，没有有效期；

4）群发图文消息的标题上限为 64 个字节；

5）群发内容字数上限为 600 个字符或 600 个汉字；

6）语音限制最大 5M、最长 60 秒，支持 mp3、wma、wav、amr 等格式；

7）视频限制最大 20M，支持 rm、rmvb、wmv、avi、mpg、mpeg、mp4 等格式（上传视频后为了便于粉丝通过手机查看，系统会自动进行压缩）。

注：公众平台群发消息目前只支持中文和英文，暂不支持其他语言。

45. 公众平台群发成功粉丝未收到群发消息的原因

答：微信公众平台消息群发成功后，而粉丝未收到群发消息的原因有以下几点：

1）通过微信公众平台群发消息时，对群发对象、性别、群发地区进行了选择，不在选择内的粉丝则无法接收消息；

2）粉丝设置了拒绝接收消息；

3）被加入黑名单的粉丝不会接收到群发信息，建议进入微信公众平台—用户管理—黑名单，查看是否有进行设置。

已发送的群发消息查看方法：登录微信公众平台—群发消息—已发送。

46. 公众平台群发消息后如何删除

答：1）通过微信公众平台群发的图文消息内容（包括群发成功、或群发后审核中的内容）可在“已发送”中删除，操作方式为，进入微信公众平台—功能—群发功能—已发送—找到需删除消息—点击“删除”图标删除即可；

2）将删除图文消息详情页（多图文消息删除所有详情页），但粉丝仍能在会话页面查看预览内容；

3）将删除公众号的“查看历史消息”中的相关记录；

4）图文消息删除后，群发权限不会恢复；图文消息删除5分钟后全部生效；

5）多图文消息暂不支持删除单条图文信息。

温馨提示：目前在微信公众平台中只能删除已发送成功的消息；正在群发中的消息，暂不支持撤回或删除。

47. 关键字自动回复设置方法

答：登录微信公众平台—功能—自动回复—关键词自动回复—添加规则，即可添加相应的关键词自动回复信息。

温馨提示：1）文字中可以输入网页链接地址，但不支持设置超链接；

2）关注用户发送消息命中设置关键字回复规则后会有5秒钟的响应时间；

3）规则名称自己设定（作为区分作用）；

4）关键字配置（作为粉丝发来命中的关键字）；

5）回复信息（命中关键字后自动回复的信息内容）；

6）勾选了“回复全部”，只要粉丝命中关键就会自动回复该规则内的所有回复；若未勾选，会随机回复；

7）建议在一个规则里设置一个关键字，以便粉丝获得想要的答案。

48. 关键字自动回复的规则

答：1）字数限制—微信公众平台认证与非认证用户的关键字自动回复设置规则上限为 200 条规则（每条规则名，最多可设置 60 个汉字），每条规则内最多设置 10 条关键字（每条关键字，最多可设置 30 个汉字）、5 条回复（每条回复，最多可设置 300 个汉字）；

2）规则设置—您可通过微信公众平台设置多个关键字，如订阅用户发送的信息中含有您设置的关键字，则系统会自己回复。同一规则中可设置 5 条回复内容，如您设置了“回复全部”，粉丝发送信息中含有您设置的关键字，会将您设置的多条回复会全部发送，若未设置“回复全部”，则会随机回复；

3）关键字设置—每个规则里可设置 10 个关键字，若设置了相同的关键字，但回复内容不同，系统会随机回复；每个规则里可设置 5 条回复内容，若设置了多个回复内容（没有设置“回复全部”），系统会随机回复；如要进行多条回复设置，只需进入编辑者模式，点击关键词自动回复—添加规则—输入关键词匹配内容后，再添加内容，然后选择“回复全部”即可。

49. 完全匹配功能设置

答：1）若选择了全匹配，在编辑页面则会显示“已全匹配”——对方发送的内容与设置的关键字须完全一样，才会触发关键字回复，不能多一个字符也不能少一个字符。比如设置"123"，仅回复"123"才会触发关键字回复；

2）若没有选择全匹配的情况下，编辑页面则会显示"未全匹配"——只要对方发送内容包含设置的完整关键词，就会触发关键字回复给对方。比如设置"123"，回复"1234"会触发，但回复不完整的关键字"12"则不会触发关键字回复。

50. 公众平台如何设置用户消息自动回复

答：在微信公众平台设置用户消息回复后，会在粉丝给您发送微信消息时，会自动回复您设置的文字/语言/图片/视频给粉丝。

设置方法：通过在微信公众平台—功能—自动回复—消息自动回复，可设置的文字/语言/图片/视频为用户消息回复。

温馨提示：1）消息自动回复—1小时内回复1-2条内容；2）暂不支持设置图文、网页地址消息回复；3）消息自动回复只能设置一条信息回复。

51. 微信公众平台如何成为开发者

答：登录微信公众平台后，点击开发者中心—成为开发者—填写接口配置信息，提交后等待腾讯公司司工作人员的审核。

温馨提示：接口配置信息需要您拥有自己的服务器资源。填写的URL需要正确响应微信发送的Token验证，请阅读消息接口使用指南。

52. 如何新建/发起投票

答：可通过公众平台—功能—投票管理—新建投票。

53. 编辑投票内容时有哪些注意事项

答：1）选项不能为空且长度不能超过 35 个字；

2）投票最多可设置 10 个选项、10 个问题；

3）投票截至时间只能在当前时间之后的半年之内；

4）投票名称、问题项不能为空且长度不能超过 35 个字；

5）投票内容一旦删除，投票数据无法恢复，且图文消息中不可查看；

6）投票图片为 300 像素 ×300 像素，格式为 png、jpg 或 gif，大小不超过 1M；

7）投票将统计该投票在各个渠道的综合结果总和，包括群发消息、自动回复、自定义菜单等。

54. 同一个微信号是否可以重复投票

答：同一个微信号只可以参与相同投票一次，且不支持查看其他参与人微信号或昵称。

55. 如何查看我发起的投票详情/结果

答：可通过公众平台—功能 = 投票管理—查看对应投票标题即可。

注：投票将统计该投票在各个渠道的综合结果总和，包括群发消息，

自动回复，自定义菜单等。

56. 新建好投票模版后如何推送给粉丝参与

答：请登录微信公众平台—管理—素材管理—图文消息—多图文 / 单图文—投票。

57. 阅读数与投票数不一致，是否属于数据异常

答：若您发起的投票有通过（如自动回复、关键词回复、自定义菜单、预览图文）等渠道给粉丝进行投票，上述几种方式投票数会增加，但阅读量是不会统计到图文消息的阅读数里，但所以会导致阅读数低于投票数的情况。

注：阅读人数和点赞只对群发图文消息进行统计，自定义菜单、自动回复等不包括在内。

58. 自定义菜单介绍

答：公众账号可以在会话界面底部设置自定义菜单，菜单项可按需设定，并可为其设置响应动作。用户可以通过点击菜单项，收到你设定的响应，如收取消息、跳转链接。

59. 微信公众平台自定义菜单设置方法

答：进入微信公众平台—功能—添加功能插件—自定义菜单—添加菜单—点击“+”添加子菜单—设置动作—发布。

1）最多创建3个一级菜单，一级菜单名称名字不多于4个汉字或8个字母；

2）每个一级菜单下的子菜单最多可创建5个，子菜单名称名字不多于8个汉字或16个字母；

3）在子菜单下设置动作，可在“发布消息”中编辑内容（文字中可输入600字或字符），或者在“跳转到网页”中添加链接地址，或选择跳转素材图文消息。

温馨提示：1）编辑中的菜单不会马上被用户看到，点击发布后，会在24小时后在手机端同步显示，粉丝不会收到更新提示，若多次编辑，以最后一次保存为准；2）未认证订阅号只可使用编辑模式下的自定义菜单功能，认证成功后才能使用自定义菜单的相关接口能力。

60. 广告主申请条件/申请资格

答：公众平台广告主功能开通需已通过微信认证的公众账号（订阅号、服务号）。

61. 广告主功能概述

答：公众账号运营者通过广告主功能可向不同性别、年龄、地区的微信用户精准推广自己的服务，获得潜在用户。微信认证的公众号可申请开通投放服务，成为广告主。

展示位置：图文消息的全文页面底部。

展示形式：1）下载和关注；2）图片和图文；3）文字链。

62. 广告主功能介绍

答：1）报表统计。

特点：实时精准、简单易懂。

功能：按时间查询统计数据，对比分析效果。

2）广告主报表统计。

特点：简单易用、精准投放。

功能：创建、修改广告，设置精准定向及出价。

3）广告广告管理。

特点：方便快捷、集中管理。

功能：查看、编辑、删除、新增广告推广页。

4）财务管理。

特点：核算准确、数据详细。

功能：按时间快速查询充值支出明细，发票申请管理。

63. 广告主申请开通方法

答：公众平台广告主功能开通需已通过微信认证的公众账号（订阅号、服务号）。

进入公众平台—广告主—申请开通—同意确认协议—选择主营行业以及行业资质材料，提交审核。

注：只能选择一个行业类型，且提交后无法修改。

资质材料支持：bmp、png、jpeg、jpg、gif 等格式图片，文件大小不超过 2M。

64. 哪些行业可以申请开通广告主

答：微信推广服务可以准入的行业见《广告主准入行业及资质表》，不在准入行业范围内的行业禁止投放。申请开通时所选行业必须与后面投放的广告内容一致，否则广告无法通过审核。

65. 广告主开通申请提交后，审核需要多久

答：广告主申请提交后，将在 2 个工作日内审核完毕，周末、节假日暂不处理，顺延到下个工作日。

66. 申请广告主后，主营行业如果需要变更，如何修改

答：若公司行业范围更改，需要变更主营行业，请在公众平台广告主模块补充需要变更的行业资质，提交审核即可。具体行业所需资质请查询《广告主准入行业及资质表》。

资质补充入口在广告主—广告管理—资质管理—添加资质。

67. 申请广告主过程，广告主资质审核不通过，如何申诉

答：您对资质审核结果不认同，想提出申诉，可发邮件到 wxad@tencent.com。请您务必填写完整信息，否则不予受理。

邮件标题：广告资质申诉 + 公众号名称 + 微信 ID

邮件正文格式：

微信ID：

拒绝原因：

相关截图：

申诉理由：

联系方式：

68. 申请开通广告主失败，提示"找不到主体名称"或者"微信认证存在问题"怎么办

答：如果开通广告主过程出现上面提示而无法开通，可发邮件到wxad@tencent.com申请处理。

为了保证流程顺利进行，请在邮件中说明申请原因，邮件格式如下：

邮件标题：找不到主体名称/微信认证存在问题+公众号名称+微信号

邮件正文：

问题描述：开通失败的提示截图

公众号名称：

联系人、联系电话：

69. 广告主开通时，提交的资质是总公司资质，后面广告投放是子公司是否可以

答：如果子公司使用总公司的资质进行广告开通和投放，需要子公司广告主发邮件到wxad@tencent.com，补充有效的"出资证明"或"授权证明"，否则广告投放审核无法通过。

为了保证流程顺利进行，请在邮件中说明申请原因，邮件格式如下：

邮件标题：公司资质补充 + 公众号名称 + 微信号名称

邮件正文：

问题描述：

联系人、联系电话：

附件：出资证明或者授权证明

70. 如何新建广告

答：广告主服务开通后，可以进入广告主—广告管理，右上角点击“新建广告”。新建广告有 4 个步骤，第一步，基本信息；第二步，编辑广告位；第三步，投放设置；第四步，预览并提交。

71. 广告如何定向投放

答：投放日期和投放时段：根据目标人群的阅读特点，合理选择投放时段。投放年龄、性别、地区：根据目标人群用户属性，适当选择定向条件。

广告出价：每次用户点击广告文字链接的扣费上限。广告出价是影响曝光的一个重要因素。若曝光较少，可适当提高出价，获得更大的曝光量。

广告限额：当你的广告点击消耗达到限额时，广告会暂停展示曝光。你可以根据每天的推广需求来设置，请注意，曝光分配也会受到限额的影响。

72. 广告的计费方式是怎样的

答：微信广告投放计费方式是 CPC 方式：按点击计费。当微信用户点击广告时，广告主才需要支付费用，广告展现完全免费。费用从广告主账户余额中扣除。

广告点击扣费时，会综合考虑广告系统内部排序中后一位广告的出价和质量。广告的实际扣费会综合你的广告质量得分、后一位的出价和质量计算得出。因此，无需担心出价过高而频繁调整出价，因为广告的实际扣费通常会低于你的出价。

每条广告出价起步价格是 0.5 元。

大致的计费公式如下：

每次点击费用 = {(下一名的出价 × 下一名的质量度)/ 本条广告质量度} + 0.01 元

73. 广告竞价展示规则是怎样的

答：在每一次广告投放中，你的广告是否被展示，取决于你的出价以及广告质量。

74. 微信做自媒体可以通过卖广告来赚钱吗

答：个人的微信可以通过帮助别人做图文广告来赚钱或者达到一定的条件可以申请微信官方的广告主。

75. 申请成为广告主必须要先申请微信认证吗

答：目前是的，必须要是申请通过微信认证的订阅号或服务号，之后不确定会不会放宽松。

76. 为保证效果，广告一般多久优化

答：任何广告都有生命周期，一般维持在 3-5 天，其后效果会随时间下滑，所以建议每 3 天优化一次。

77. 广告如果遭遇恶意点击，平台如何处理

答：微信公众平台专业技术团队提供多重措施防范异常点击，及时提出异常数据信息，智能化数据监控提供多维度测评数据反馈，从而全面监测数据的有效性。

针对非正常的点击作弊行为，平台会有严格的规则进行规避，判定为作弊的点击将不会扣费。例如同一用户短时间内多次点击，将判定为作弊点击。同一用户合理范围时间内的点击均会被计费，与时间无关，可能出现广告投放时间当天 24:00 结束，但在次日凌晨产生扣费。

根据广告曝光规则，同一用户在未清除手机缓存的情况下，10 分钟内同一广告位展示的广告将不会刷新，10 分钟后刷新广告位展示的广告将会更改，因此可以很好的规避恶意点击扣费的行为，避免广告主的损失。

78. 广告投放基本概念中，什么叫商品类型？什么是广告规格

答：商品类型（推广商品）：指所推广标的物的类型，是一个大类的描述。

现有商品类型：公众号、品牌活动。

注意：广告创建成功后，商品类型无法修改。

广告规格：流量主广告位展示广告的规格。

现有规格：文字链（15 个字符以内）、图片（尺寸必须为 582 像素 × 166 像素，大小不超过 50K，支持 bmp、png、jpeg、jpg、gif 等格式）。

79. 广告能投放外链吗

答：1）投放外链资格：目前权限仅对已开通微信支付广告主开放；

2）可投放外链商品类型与广告规格：商品类型为“品牌活动”可链接至外链。

80. 如何提高广告点击率

答：细分用户：例如，针对不同人群投放最适合的广告类型，找到最合适的潜在用户；

优化广告位文案：通过挖掘用户需求点，合理优化广告位文案创意，采用更吸引人的文案描述，可提高点击率。请注意，夸大不实的广告位文案将无法通过广告审核。

改变定向设置：尝试不同的定向组合，找到适合的定向投放方式，帮

助提升有效点击率。

81. 如何提高广告曝光量

答：由于相同定向的广告会相互竞争流量，不同广告的竞争力不一样，新创建广告无曝光量或曝光量不高属于正常现象。你可以通过以下 6 种方式提高广告的曝光量：

1）增加广告投放数—适当增加广告投放数量，可获得更多曝光；

2）设置合理投放时段—在广告设置的时候，合理控制投放时段，可提升曝光量；

3）放开定向条件—适当放开定向设置，扩大广告受众范围，可提高曝光量；

4）提升广告出价—出价也是影响曝光的一个重要因素，适当提高出价，会促使曝光的增长；

5）提高广告限额—曝光的分配会收到广告限额的影响，提高广告限额可获得更大曝光量；

6）提升广告点击率—只有点击率达到了广告系统内点击率均值以上，才可能获得大量的曝光。

82. 广告效果如何监控？应该重点关注哪些指标

答：广告投放后，可以进入广告主—报表统计，选择对应的广告和投放时间，查看曝光量、点击量、点击率、关注量、点击均价、总花费等关键指标。及时关注广告点击率并及时调整出价，可获得最佳的广告效果。

曝光量—广告文字链被用户看到的次数。曝光量主要受点击率和广告出价影响；

点击量—广告文字链被用户点击的次数；

点击率—广告点击率 = 广告的有效点击量 / 广告的曝光量 ×100%。点击率主要受广告文字链文案和广告定向设置影响。如果广告点击率下降，可以优化文字链文案或选择不同的定向条件来提升点击率；

关注量—广告带来的公众号关注量；

点击均价—广告平均获得单个点击的花费。

83. 什么是微信企业号

答：企业号是微信为企业客户提供的移动应用入口。

关注更安全—只有企业通讯录的成员才能关注企业号，分级管理员、保密消息等各种特性确保企业内部信息的安全。

应用可配置—企业可自行在企业号中可配置多个服务号，可以连接不同的企业应用系统，只有授权的企业成员才能使用相应的服务号。

消息无限制—发送消息无限制，并提供完善的管理接口及微信原生能力，以适应企业复杂、个性化的应用场景。

使用更便捷—企业号在微信中有统一的消息入口，用户可以更方便地管理企业号消息。微信通讯录也可以直接访问企业号中的应用。

84. 企业号的应用场景

答：员工出差移动办公—办公室员工摆脱电脑的束缚，随时随地移动办公；

服务管理一线员工——线销售、行销代理、售后服务、巡检巡店、安保后勤等人员，他们没有电脑，都用微信；

连接合作伙伴—轻松帮助企业实现与上下游合作伙伴、供应商的订单管理、工作协同、流程闭环；

提升服务能力—政府机关、学校医院等事业单位，以及社会组织同样可以通过企业号简化管理流程，提高信息发布与触及的效率，提升组织协同运作效率。

85. 企业号的特点

答：1）广泛并有效的连接—微信企业号能帮助企业、政府机关、学校、医院等事业单位和非政府组织建立与员工、上下游供应链及内部 IT 系统间的连接，并能有效地简化管理流程、提高信息的沟通和协同效率、提升对一线员工的服务及管理能力；

2）开放且有利的平台—基于微信的数亿活跃用户及充分开放的接口，第三方开发者可以为不同企业客户，提供多样且个性化的产品和服务，并能有效提升开发、部署效率、确保应用活跃度。不断增长的企业客户，将持续提升开发者价值；

3）让信息传递随时随地—微信全平台客户端的覆盖和方便灵活的企业号后台管理及连接能力，使得员工无论是在办公室还是奔波于一线，企业信息的传递在时间和空间上将不再有任何的阻碍；

4）可靠的安全保障—确保信息安全是连接企业的基础。腾讯及微信已建立的业界一流的安全保障体系、高可靠的系统实现机制，以及企业号完善的安全特性，为企业信息安全提供了全方位的安全保障；

5）丰富的功能体验—企业号提供了丰富的功能帮助企业便捷地实现基本的沟通与协同管理。同时不断完善开放的接口，也帮助第三方开发商快速高效地为企业提供更多的个性化应用。

86. 企业号的功能

答：1）应用定制—企业可按需创建个性化应用，灵活设置菜单，交互更自如；

2）企业通讯录—灵活分级管理的企业通讯录，即便超大规模的企业架构也能高速支撑；

3）方便的标签：方便地建立成员分组，发送消息、管理应用更便捷；

4）自由收发的消息：支持图文、文件等全类型无限量消息群发，更能保证消息的高阅读率；

5）保密消息：只有收件人才能阅读的消息，防转发、防截屏，满足企业安全需求；

6）统一的会话入口：在微信会话列表和通讯录中均独立展现，应用更活跃；

7）权限分级：通讯录、应用及接口均可分级分权限管理，适应大型企业分级安全管理要求；

8）安全开放的接口：全程加密、接口授权，实现通讯录、标签、消息等关键资源开放管理；

9）微信原生能力：正在开放的微信原生能力，如拍照、扫码、支付、位置等，使应用更智能。

87. 可以选择的微店有哪些

答：1）移动端的淘宝；2）微信小店；3）京东微店；4）口袋通；5）中兴微品会；6）微店网；7）开旺铺；8）口袋购物的微店。

88. 微信小店的申请条件

答：必须是经过微信认证的和微信支付申请的服务号。

89. 微店卖家如何寻找货源

答：如果您没有货源，可以登录微店手机客户端，在六宫格第二页卖家市场点击进入“批发市场”，选取您感兴趣的货源进行采购或与批发商进行沟通。批发市场中批发商均为通过微店审核的优质可靠的经销商，您可以放心采购与代理。

90. 微店怎么注册和微店有哪些基本功能

答：1）去苹果，安卓应用市场里面（比如 PP 助手等）去搜“微店”；

2）或者登录官方网站 www.vdian.com 去下载安装也可以；

3）用手机号进行注册；

4）手机验证码进行验证；

5）填写店铺信息，之后可随意改；

6）填写收款信息并确认。

微店基本功能：1）微信收款；2）我的微店；3）订单管理；4）销售管理；5）客户管理；6）我的收入；7）促销管理；8）我要推广；9）卖家市场；10）镇店之宝。

91. 微店怎么设置

答：店铺图标—1）点击图片编辑店铺图标；2）图标的设计建议和微信号一样或者风格一样，因为微店实际上首先是基于熟人关系的交易；3）定位上建议让品牌和人进行联系，实行人和品牌双品牌策略。

店铺名称—1）微店名字可以采取“品牌人” +“产品”的思路。

微信号—可以填写你的私人微信号，方便用户可以和你进行沟通，增强信任感。

全场运费—要填写运费的价钱，包邮的话就填写 0。

店铺公告—这个很重要，这个是用户对你店整体定位认知的关键获取入口。

担保交易—微店保管交易额，买方点确认收货后账款才会打到卖家账上，一旦确认担保交易，想取消需要联系客服，目前这个阶段不推荐。

更换店招—展示图片。

货到付款—快递会收取代收费，量少利润小的不推荐。

92. 什么是口袋购物

答：口袋购物拥有 5000 万买家市场，被评为用户最受欢迎的手机购物软件。有精品导购栏目，拥有精品推荐系统，为买家推荐商品。还有频道推荐，搜索分类等给我们的买家推荐相应的商品。卖家可以在口袋购物登录微店 . 并支持”一键开店”和”一键搬家”功能。

93. 口袋购物跟微店的关系是什么

答：微店是口袋购物的开店工具，口袋购物是针对买家的综合导购App。公司拥有多款产品为卖家服务，口袋购物就是其中用户基数最大、流量最大、用户黏度最大的 App。

94. 微信图文消息排版有什么推荐的吗

答：推荐使用秀米，秀米可以方便，简单的操作来实现精美的排版。

95. 微网站搭建有什么好的免费工具推荐吗

答：推荐用快站或者腾讯风铃，偏重于推荐快站，模板非常多，各行各业的，微信无缝对接，拖拽的方式就可以快速的搭建网站，强烈推荐。

96. 微网站搭建一定要学技术吗

答：不一定，可以使用快站等工具，但是模板是有限制的，如果想随心所欲的搭建，如果想各种个性化的搭建或者想通过帮助别人搭建微网站来盈利的话那么是需要学习技术的。

97. 微信加粉软件有用吗

答：不推荐使用，不仅效果很差，还容易被腾讯封号。

98. 如果想要给别人做微信开发需要学习什么技术

答：其实任何一门语言都可以进行微信开发，不过从难易程度来讲推荐的学习顺序是 html、css、javascript、jquery、php。

99. 如果懂技术的话，去哪里找客户

答：推荐去猪八戒网，每天有很多人发类似的需求任务，并且指明了会出的费用，可以通过在这个平台找到你的目标用户。

100. 如果想随心所欲地进行微信开发都需要学什么

答：首先要学好一门语言，比如微信开发中很流行的 PHP 语言。其次要学一些基础的前端知识，比如 HTML、CSS 等，这两个是我们开发微信要掌握的最起码的技术。